질문하고 생각하는

비주얼씽킹 한국사

| 고대부터 조선 후기까지 |

본 책에는 저작권자를 찾지 못했으나 내용상 꼭 필요해 부득이하게 수록한 도판이 일부 실려 있습니다. 저작권자가 확인되는 대로 통상의 절차를 밟고 저작권료를 지불하도록 하겠습니다.

질문하고 생각하는
비주얼씽킹 한국사
| 고대부터 조선 후기까지 |

초판 1쇄 발행 | 2020년 11월 20일
글쓴이 | 신동하, 박효진, 손석영, 이민동, 정의진, 정희연
그린이 | 차수현
발행인 | 김병주
출판부문 대표 | 임종훈
주간 | 이하영
편집 | 신은정
디자인 | 인투
마케팅 | 박란희

펴낸 곳 | (주)에듀니티
도서문의 | 070-4342-6114
일원화 구입처 | 031-407-6368 (주)태양서적
등록 | 2009년 1월 6일 제300-2011-51호
주소 | 서울특별시 종로구 인사동5길 29 태화빌딩 9층
출판 이메일 | book@eduniety.net
홈페이지 | www.eduniety.net
페이스북 | www.facebook.com/eduniety
포스트 | post.naver.com/eduniety

문의하기

투고안내

이 도서는 한국출판문화산업진흥원의 '2020년 우수출판콘텐츠 제작 지원' 사업 선정작입니다.

ⓒ 신동하, 박효진, 손석영, 이민동, 정의진, 정희연

ISBN | 979-11-6425-075-2 (77300)
　　　　979-11-6425-074-5 (세트)

값은 뒤표지에 있습니다.
이 책은 저작권법에 따라 한국 내에서 보호를 받는 저작물이므로 무단 전재 및 복제를 금합니다.

작가의 말

서점에 이미 수많은 역사만화책이 있는데 우리는 왜 두 권의 책을 더 내놓으려 모였을까요? 이 책을 만들려고 우리가 처음 모인 때는 지난(박근혜) 정부에서 갑자기 역사교과서를 국정교과서로 바꾸려던 시기였어요. 역사를 현재 정부의 입맛대로 만든 하나의 교과서로 모든 학생을 공부하게 만들 것이라는 걱정이 컸지요. 그래서 교과서 대신 쓸 수 있는 새로운 역사교재를 만들어보자고 초등학교, 중학교, 고등학교 선생님이 뭉쳤습니다.

학교에서 늘 학생과 만나는 교사들이지만 역사교재를 새롭게 만드는 것은 쉽지 않았어요. 수많은 역사 중에 무엇을 담을지, 어떻게 역사를 과거의 일이 아닌 현재 우리의 삶을 가꾸는 유용한 도구로 생각하게 할지 고민을 오래했지요. 또 여러분이 쉽게 이해할 수 있도록 만화로 옮겨 그리는 시간도 길었답니다.

그렇게 정성들여 만든 이 책은 이런 특징들이 있어요.

- 100가지 주제 안에 최근의 역사까지 다양한 관점으로 담아봤어요. 세계 역사의 흐름 속에 우리 역사를 이해할 수 있도록 세계사도 살짝 다루었고요. 학교에서 공부하다가 어려운 부분이 있을 때 주제별로 찾아서 보면 도움이 될 거예요.
- 비주얼씽킹을 공부하는 선생님께서 수업하듯 공들여 그렸습니다. 비주얼씽킹은 그런 여러분이 역사를 이해하는 데 도움이 될 겁니다.
- 역사는 암기과목의 끝판왕인가요? 우리가 역사를 배우며 진짜 알아야 할 것은 시험이 끝나면 잊혀질 이름이나 사건들이 아니죠. 역사를 현재 우리 사회, 여러분의 삶과 연결지어 생각할 수 있도록 내용을 구성하고, 각 주제마다 질문을 넣었습니다. 책을 같이 읽는 사람들과 생각을 나누어보면 역사를 공부하는 새로운 재미를 발견할 거예요.
- 선생님들이 학교에서 수업할 때에 학생들이 어려워하거나 잘못 이해했던 부분들, 교과서에 부족한 설명들을 보완하려고 애썼습니다.

이 책을 읽으며 여러분이 조금은 어렵게 느껴질 수도 있는 역사에 관심과 흥미를 갖고, 보다 다양하고 깊은 생각을 하기를 바랍니다. 또 현재의 역사인 여러분이 각자의 자리에서 삶의 역사 우리 사회와 인류의 역사를 보다 근사하게 기록하기를 소망합니다.

2020년 10월 저자 신동하, 박효진, 손석영, 이민동, 정의진, 정희연, 차수현 드림

CONTENTS

작가의 말 · 03
등장인물 소개 · 08
프롤로그 역사란 무엇인가 · 10

CHAPTER 1 · 역사의 시작과 고대 사회

01 구석기 시대
돌을 깨뜨려 도구로 쓴 인류 · 16

02 신석기 시대
농사와 목축의 시작 · 20

03 문명의 탄생
문화의 발전으로 풍요를 누리는 인류 · 24

04 고대 시대
고전 문화의 탄생 · 28

05 단군신화
고조선의 건국 · 32

06 철기 시대
다양한 국가의 등장 · 36

07 불교의 전파
삼국 문화에 미친 불교의 영향 · 40

08 고구려
넓은 영토를 쟁취한 군사력 · 44

09 백제
이웃 나라와의 문화 교류 · 48

10 신라
통일의 발판이 된 한강 점령 · 52

11 삼국통일
하나의 국가가 된 한반도 · 56

12 통일신라
찬란하게 꽃피운 문화 · 60

13 발해
다양한 민족과 문화가 어우러져 번영한 '해동성국' · · · · · · · · · · · 64

CHAPTER 2 · 중세 사회의 발전

14 중세 시대
세계 곳곳의 전통문화 · **70**

15 고려
태조 왕건의 후삼국 통일 · **74**

16 과거 제도의 도입
고려의 왕권 강화 정책 · **78**

17 유교 사상
고려 정치의 뿌리가 된 유교 · **82**

18 고려와 거란의 전쟁
서희와 강감찬의 활약 · **86**

19 이슬람
한반도에 남긴 교류의 흔적 · **90**

20 문벌
부와 권력의 독점으로 생긴 폐단 · **94**

21 서경천도
문벌 약화를 위한 정책 · **98**

22 무신정변
차별당하던 무신들의 반란과 권력 쟁취 · · · · · · · · · · · · · · · · · · **102**

23 고려와 몽골의 전쟁
힘을 합친 고려군과 민중 · **106**

24 원나라의 간섭
100년간 이어진 간섭과 권문세족의 등장 · · · · · · · · · · · · · · · · **110**

25 조선의 탄생
고려의 멸망과 이성계의 조선 건국 · **114**

CONTENTS

CHAPTER 3 · 근세 사회의 변화

26 하나로 묶인 세계
국제교류의 시작 · **120**

27 성리학
조선 시대를 대표하는 사상 · **124**

28 세종대왕
수많은 업적과 위대한 정책 · **128**

29 경국대전
조선의 제도 법제화 · **132**

30 사대외교
조공과 책봉으로 맺어진 동아시아의 국가 관계 · · · · · · · **136**

31 사림
훈구와 대립하여 네 번의 화를 입다 · · · · · · · · · · · · · · · · **140**

32 붕당의 형성
서원과 향약으로 힘을 키운 사림의 분열 · · · · · · · · · · · · **144**

33 임진왜란
7년의 상처를 극복하고 얻은 값진 승리 · · · · · · · · · · · · · **148**

34 병자호란
청나라의 침입과 굴욕적인 항복 · · · · · · · · · · · · · · · · · · · **152**

35 탕평정치
붕당 간의 균형 유지를 위한 노력 · · · · · · · · · · · · · · · · · · **156**

36 조선 후기의 농업 발달
사회 변화의 서막 · **160**

37 조선 후기의 상공업 발달
시장 규모의 확대와 화폐 등장 · **164**

38 실학
성리학을 비판하며 등장한 새로운 학문 · · · · · · · · · · · · · **168**

39 세도 정치
권력을 쥔 외척 세력 · **172**

CHAPTER 4 · 개항과 근대의 시작

40 근대 시대
산업혁명과 시민혁명으로 열린 근대사 · **178**

41 흥선대원군
왕권 강화와 교역 거부 · **182**

42 강화도 조약
불평등 조약을 통한 강제 개항 · **186**

43 임오군란
차별당하던 구식 군인의 반란 · **190**

44 갑신정변
조선의 자주독립과 근대화를 향한 시도 · **194**

45 동학농민운동
개혁에 앞장서고 침략에 저항한 전봉준 · **198**

46 갑오개혁
일본의 간섭에 저항하며 근대 국가의 길을 열다 · · · · · · · · · · · · · · · · **202**

47 독립협회
민중과 함께한 독립운동 · **206**

48 대한제국
황제가 된 고종의 독립과 개혁 추진 · **210**

49 을사조약과 경술국치
빼앗긴 국권 · **214**

50 의병운동과 애국계몽운동
나라를 지키기 위한 다양한 노력 · **218**

등장인물 소개

윤호

"다 파헤쳐주겠어!"
차세대 TOP 음식 크리에이터가 꿈인 윤호는 틈틈이 자신의 영상을 사이트에 올린답니다.
그런데 음식의 역사를 잘 모르는 것 같다는 어느 댓글 때문에 자존심이 크게 상해버렸어요. 역사 그게 뭐라고, 다 공부해버리고 말 거예요! 음식에 대한 윤호의 열정은 진지하다고요.

윤희

"정말 정말 재미있다고!"
윤희는 어릴 때부터 할아버지께 선조들의 옛이야기를 많이 들었대요. 그것도 정말 재미있게요!
그런 탓인지 윤희는 역사를 지루해하는 친구들이 안타까워요. 윤희는 역사의 매력을 친구들에게 퍼뜨릴 수 있을까요?

 동현

"선생님 질문 있어요!"
호기심을 달고 사는 장난꾸러기 동현이는 선생님의 말씀 하나하나가 물음표투성이에요.
동생이 역사 박사인 양 잘난 척을 할 때는 얄미워 죽겠는데, 동현이도 곧 동생 앞에서 콧대를 높일 수 있겠죠?

수지

"내 맘에 또 무언가가 들어왔어!"
솔직하고 털털한 성격에 풍부한 감수성을 지닌 수지. 늘 아이돌 가수에게만 관심이 있었지만 요새 점점 궁금해지는 분야가 또 생겼대요.
그게 무엇인지 여러분은 짐작할 수 있나요?

유하

"빈틈은 허용하지 않는다!"
철두철미 완벽주의 유하는 역사도 항상 달달 외워왔어요. 머리 터지게요! 그래서 역사란 정말 재미없고 귀찮다고 생각해요. 이런 유하가 과연 역사를 좋아하게 될 수 있을까요?
같이 지켜봐주세요.

프롤로그 역사란 무엇인가

질문 역사는 왜 배울까?

키워드 #과거 #현재 #미래 #사관

역사란 과거에 일어난 일들을 연구하고 공부하는 모든 활동을 말합니다. 옛날 사람들이 살아온 삶의 조건이나 과거의 여러 사건, 다양한 인물을 알아가는 건 흥미롭지만, 배울 양이 많아 어렵고 따분한 느낌을 주기도 하는데요. 책을 읽기 전에 한번 생각해볼까요? 과연 역사란 무엇일까요? 그리고 우리는 왜 과거의 일들을 배우는 걸까요?

만일에 유하와 수지의 기억을 완전히 바꾼다고 생각해봐요. 그럼 어떤 일이 벌어질까요?

선생님이 수지를 부르면 제가 대답하겠지요. 집에 갈 때도 제가 수지네 집에.

화장실에 갈 때도 유하가 같이 가자고 붙을 거고요. 꽉~ 싫어!!!

헐~ 윤희야~

맞아요. 개인의 기억이 한 사람의 정체성을 만들 듯 역사는 한 집단의 정체성을 만드는 거예요. 그뿐이 아니랍니다. 오래전 일들을 잘 알게 되면 많은 지혜를 얻을 수도 있어요

내가 과거의 일을 탐구한 *히스토리아를 쓴 이유는 잊지 않기 위해서이지요.

역사책 제목에 거울 감(鑑) 자를 쓴 이유는 옛 일을 거울 삼아 교훈을 얻으라는 뜻이었지요.

헤로도토스　　**사마광**

* **히스토리아**: 이 책 이름으로부터 역사를 뜻하는 영어 단어 history가 비롯되었다.

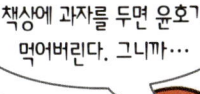

맞아. 옛일을 잘 알아야 같은 실수를 반복하지 않지.

책상에 과자를 두면 윤호가 먹어버린다. 그니까…

아, 왜 갑자기 옛일을 꺼내는데?

그런데 역사는 이미 지나간 옛일을 다루는 거라서 세심하게 다루지 않으면 안 된답니다. 예전에 있었던 사실은 누군가의 기록으로만 남아 있는 거잖아요. 그런데 기록에는 쓴 사람의 판단이 강하게 들어가지요.

같은 학교생활을 두고도 학교 가기 싫은 친구와 학교 가고 싶은 친구가 쓴 일기장이 다른 것처럼 말이죠.

오늘 학교에서 한 수업이 엄청 재미없었고…

오늘 학교에서 ~를 배웠는데 엄청 신나고 흥미롭고…

← 같은반 →

예수님의 숨결이 깃든 성지 예루살렘을 찾기 위해 나섰다.

십자군전쟁

서방의 야만인들이 우리땅 예루살렘으로 침략해 들어왔다.

하나의 사건을 두고도 바라보는 관점에 따라 완전히 다르게 기록할 수 있네요. 기록을 그대로 믿으면 잘못된 이해를 할 수도 있겠어요.

김일성 수령님의 삶이 곧 우리나라 독립운동의 역사이지요.

전두환 정부는 정의 사회를 구현하고 있지요.

❶ 약 70만 년 전 구석기 시대 시작
❷ 약 1만 년 전 신석기 시대 시작
❸ 기원전 2333년 고조선 건국
❹ 기원전 1000년경 청동기 문화 보급
❺ 기원전 300~200년경 철기 문화 보급
❻ 기원전 194년 위만이 고조선 왕으로 즉위
❼ 기원전 108년 고조선 멸망
❽ 기원전 57년 신라 건국
❾ 기원전 37년 고구려 건국
❿ 기원전 18년 백제 건국
⓫ 645년 안시성 전투
⓬ 660년 백제 멸망
⓭ 668년 고구려 멸망
⓮ 676년 신라의 삼국 통일
⓯ 698년 발해 건국

1 CHAPTER

역사의 시작과 고대 사회

01 구석기 시대
돌을 깨뜨려 도구로 쓴 인류

질문 인류는 어떻게 진화해왔을까?

키워드 #진화 #오스트랄로피테쿠스 #네안데르탈인 #원시 #뗀석기

인류는 언제 최초로 역사에 등장했을까요? 인류는 아주 오랫동안 진화를 거듭한 끝에 처음 역사에 출현할 수 있었습니다. 이 초기 인류들은 원숭이와 달리 두 발로 걸어 다님으로써 자유로워진 두 손으로 이런저런 도구를 만들었지요. 주위에서 흔히 볼 수 있는 돌을 깨뜨려 만든 뗀석기가 대표적인 인류 최초의 도구이지요. 불도 사용했습니다. 오늘날 우리는 이 시기를 구석기 시대라고 부릅니다. 지금부터 구석기 시대 인류의 모습을 알아봅시다!

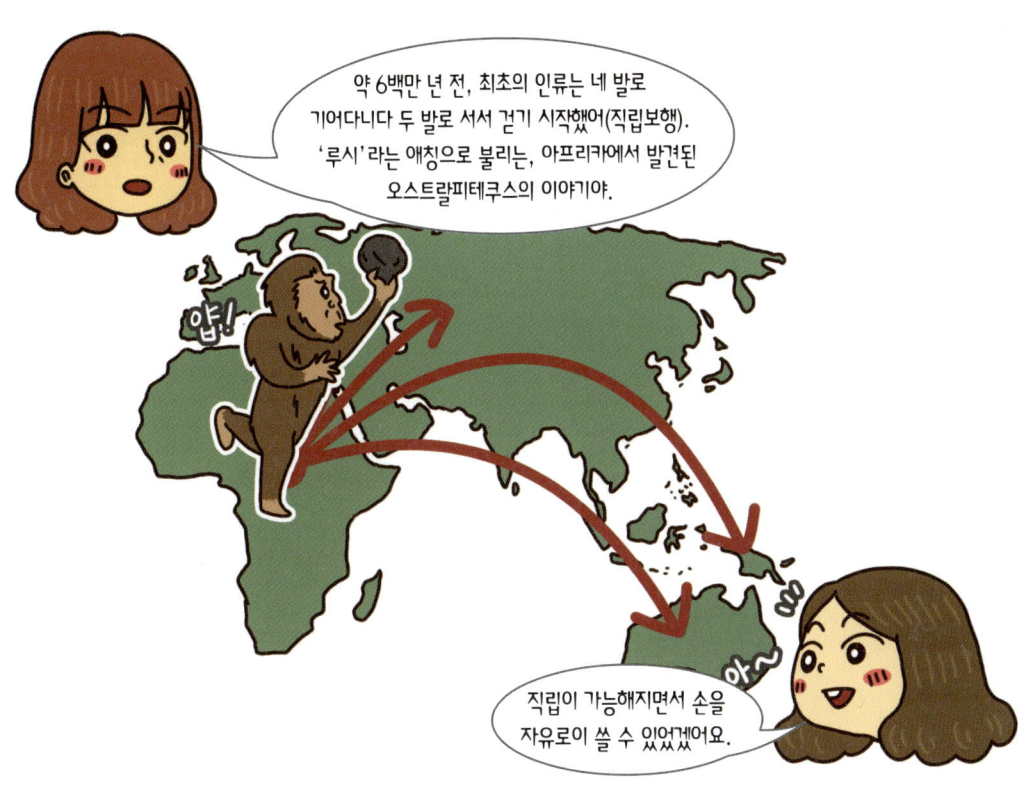

이렇게 인류가 진화해가며 돌을 깨거나 떼어 만든 뗀석기를 쓰던 시기를 구석기 시대라고 해. 이 시기에는 사냥감이나 열매를 찾아 끊임없이 이동하며 살았지. 시행착오를 거치며 하나하나 지혜를 배워가던, 수백만 년에 걸친 무지하게 긴 시간이었어.

바우가 열매를 따먹고 배탈이 났어요! 앞으로 이건 먹지 말자!

여기는 먹을게 없다. 어디로 가지?

조심해. 뿔에 받히면 죽어!

그런데~ 수지 똑바로 좀 앉으렴… 허리를 구부정하게 하고 있으니 진화가 덜 된 것처럼 보이잖아!!!

엥? 안 돼요. 자세를 바르게 해야겠어요!

02 신석기 시대
농사와 목축의 시작

질문 왜 농사가 혁명이었을까?

키워드 #간석기 #토기 #농업혁명 #문화 #노동

떼석기를 쓰던 인류가 정교하게 갈아 만든 간석기를 쓰기 시작할 즈음 커다란 혁명적 변화가 나타났습니다. 바로 농사와 목축을 시작한 것이지요. 이때부터 인류는 점차 떠돌이 생활을 접고 정착하게 되었고, 한곳에서 훨씬 안정된 생활을 하다보니 본격적으로 문화가 발전하기 시작했습니다. '농업 혁명' 혹은 '신석기 혁명'이라고 불리는 변화에 대해 알아볼까요?

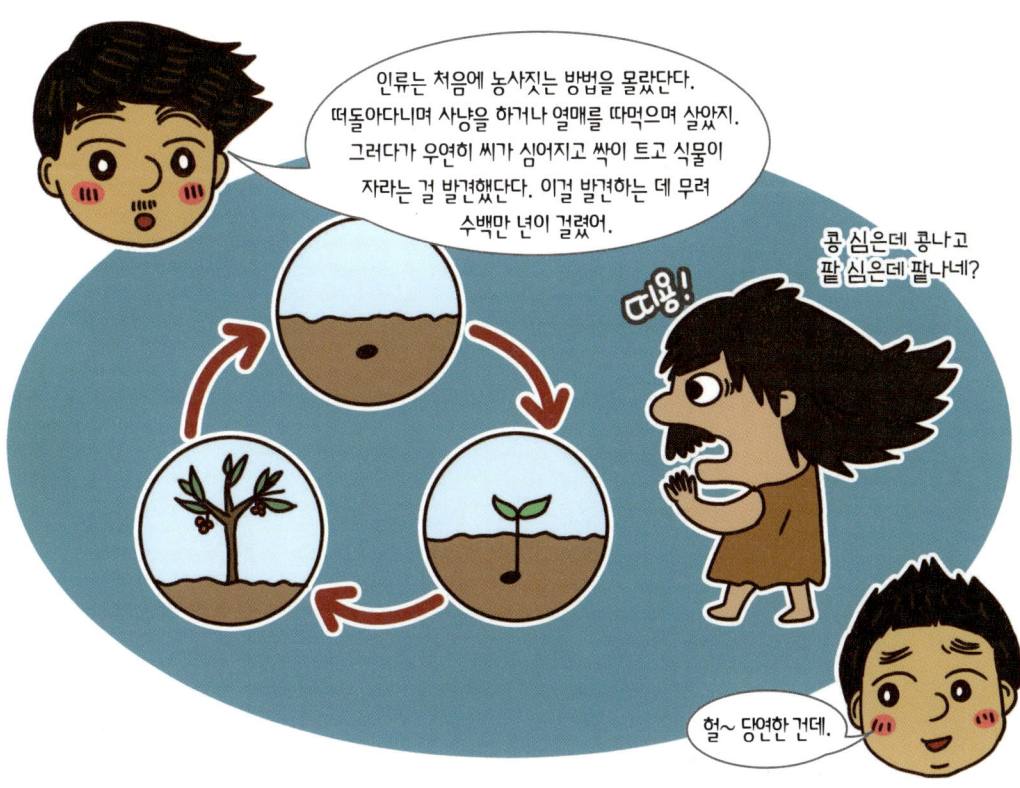

03 문명의 탄생
문화의 발전으로 풍요를 누리는 인류

질문 문명의 빛과 그림자는?

키워드 #청동기 #문자 #사유재산 #1부1처제 #국가

문명이란 인류가 자연 그대로의 원시 생활에서 벗어나 물질적, 기술적, 사회적인 발전을 이루어 한층 풍요롭고 세련된 삶을 사는 상태를 말합니다. 지금으로부터 6000년 전 인류는 큰 강을 중심으로 선사 시대와 다른 발전된 문명을 만들어냈습니다. 이 문명은 서로 교류하고 주변 지역에 많은 영향을 주었지요. 고대 문명은 어떻게 탄생하였을까요?

* **선사 시대**: 아직 문자가 없어 역사 기록이 없던 시대.

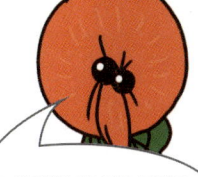

* **문명의 지표들**: 청동기, 도시, 문자

04 고대 시대
고전 문화의 탄생

질문 오늘날까지 영향을 끼치는 고전 문화는?

키워드 #고전 #노예제 #페르시아 #로마 #진시황

문명의 탄생으로 글자가 발명되어 역사 기록이 시작된 이후의 첫 번째 시대를 흔히 '고대'라고 부릅니다. 계급이 나뉘고 국가가 나타나, 원시의 평등 사회가 무너진 이 시대에는 세계 각지에서 빛나는 고전 문화가 발달했습니다. 이 고전 문화는 훗날 세계 여러 문명권이 만들어지는 바탕이 되었는데요. 고전 문화가 오늘날까지 끼치는 많은 영향을 확인해볼까요?

▲ 고대 그리스 올림픽

▲ 현대 올림픽

체육

▲ 고대 그리스 파르테논 신전

▲ 영국 내셔널갤러리

건축

▲ 고대 로마 원로원 토론

▲ 현대 국회 토론

정치

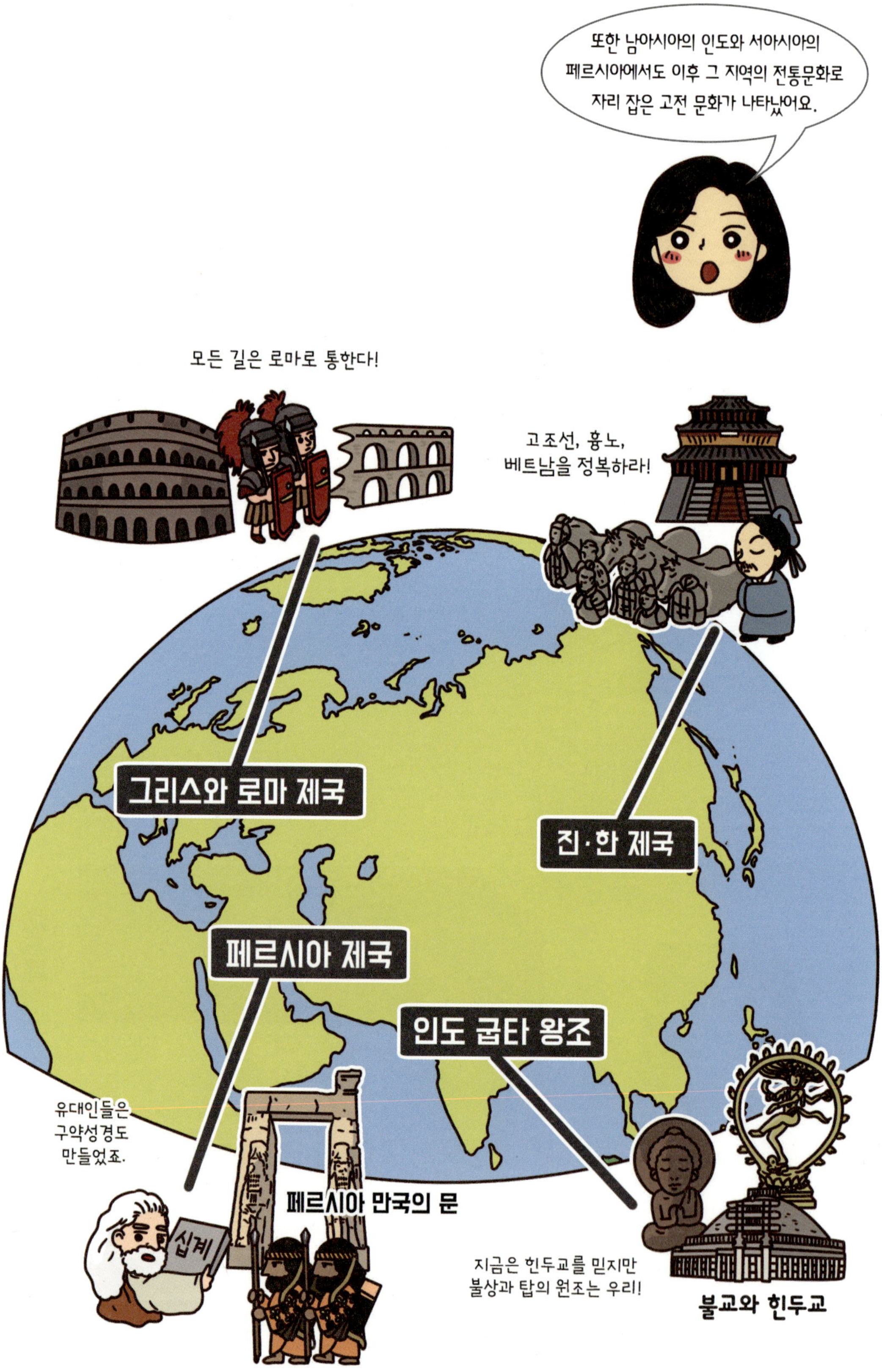

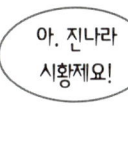

05 단군신화
고조선의 건국

질문 단군신화가 알려주는 것은?

키워드 #고인돌 #청동검 #토테미즘 #단군신화 #유사역사학

단군신화는 한반도 최초의 나라인 고조선의 건국 신화입니다. 고조선은 지금으로부터 반만 년 전인 기원전 2333년 세워졌다고 하는데 기록은 〈삼국유사〉나 〈제왕운기〉 같은 고려 시대 역사책에 처음 나타납니다. 이는 고조선의 건국과 사회 모습을 알려주는 중요한 기록이기는 하지만 신화로 꾸며져 있어 자세하고 정확한 내용까지 알 수는 없는데요, 여러분은 어디까지가 실제 있었던 일이라고 생각하나요?

* **국수주의**: 자신의 국가 혹은 민족이 최고라고 여기는 사상.

* 홍익인간: 우리나라의 건국 이념

고조선 문화의 범위와 유물 출토 지역

06 철기 시대
다양한 국가의 등장

질문 철을 쓰게 되며 나타나게 된 변화는?

키워드 #위만 #낙랑 #부여 #옥저 #동예 #삼한

인류는 청동을 사용하며 차츰 철도 사용하게 되었습니다. 철은 녹는 온도가 높아 다루기 까다롭지만 청동보다 훨씬 흔하고 단단해서 일단 녹이는 기술만 익히면 농기구와 무기로 유용하게 쓸 수 있었습니다. 이러한 철기가 널리 퍼지며 농업 수확량이 늘어, 그로 인한 부를 빼앗기 위한 전쟁을 하면서 더욱 많은 국가가 나타났습니다. 오늘날까지 가장 많이 쓰이는 금속인 철이 확산되며 나타난 모습을 살펴볼까요?

* **한 4군**: 한나라가 고조선을 멸망시킨 후 고조선 땅에 설치한 낙랑, 진번, 임둔, 현도 4개의 군.

CHAPTER 1 역사의 시작과 고대 사회

07 불교의 전파
삼국 문화에 미친 불교의 영향

질문 우리 안에 스며든 불교 문화는?
키워드 #싯다르타 #윤회 #업보 #탑 #불상 #이차돈

불교는 석가모니(싯다르타)의 가르침에 따라 삶과 욕심이 덧없다는 것을 깨닫는 붓다(부처)가 되어 우리가 살며 저지르는 각종 죄를 없애고 죽어 극락으로 가는 것을 목표로 하는 종교입니다. 삼국 시대 때 우리나라에 들어온 불교는 이후 우리 역사에 큰 영향을 미쳤고, 많은 사람이 믿어온 종교랍니다. 이번 장에서는 이 불교에 대해 알아볼까요?

아, 그래서 많은 스님이 고기도 안 먹고 결혼도 안 하는 거군요? 그런데 이 불교는 어떻게 우리나라에까지 들어왔나요?

내가 부처님이야. 내 말 안 들음 지옥가! **왕**

삼장법사 모시고 불경 가지러 인도에 갔다왔지요~

- 인도 간다라 불상
- 부다가야 (불교성립)
- 인도 산치대탑
- 중국 대안탑
- 중국 룽먼석불
- 한국 석가탑
- 한국 석굴암
- 일본 호류지 목탑
- 일본 우스키석불

불교는 중국을 거쳐 삼국 시대 때 우리나라에 들어왔단다. 당시 왕권을 강화하려던 삼국의 왕들이 적극적으로 받아들였지.

08 고구려
넓은 영토를 쟁취한 군사력

질문 넓고 강한 나라에 살면 행복할까?

키워드 #주몽 #국내성 #광개토대왕 #장수왕 #바보온달

고구려는 기원전 1세기에 생겨 668년까지 있었던 나라입니다. 한때 강력한 군사력을 바탕으로 만주 지역을 독차지하고 한반도 남부에까지 영향을 끼쳤으나, 귀족들 사이의 세력 다툼과 계속되는 전쟁으로 약해지다 신라와 당 연합군에게 멸망했습니다. 삼국 중 제일 넓은 땅을 차지했던 가장 강력한 나라라고 해서 좋아하는 사람들이 많은데요. 그런데 넓고 강한 나라에 사는 것이 꼭 행복한 일일까요?

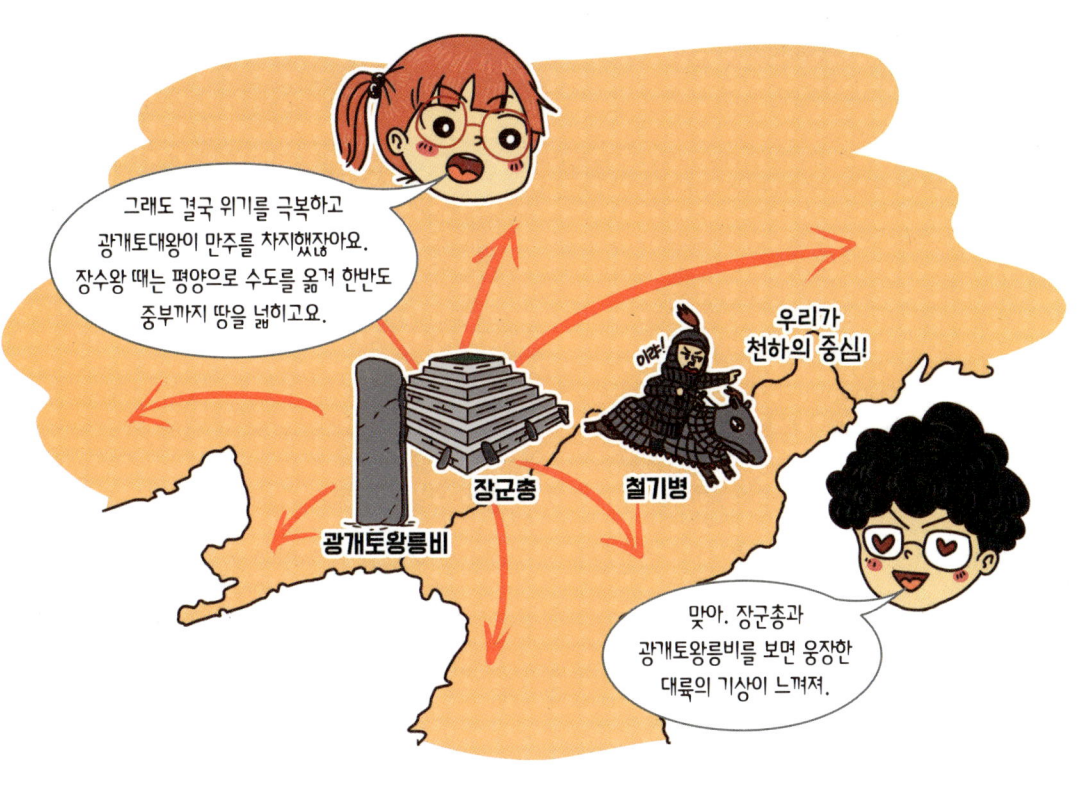

09 백제
이웃 나라와의 문화 교류

질문 백제와 일본의 관계는?

키워드 #온조 #위례성 #돌무지무덤 #성왕 #왕인

백제는 한반도 서남부에 있던 나라입니다. 북에서 내려온 부여·고구려 출신 이주민 집단에 의해 오늘날의 서울 송파 지역(위례성)에 세워졌습니다. 훗날 고구려에 밀려 오늘날의 충청도와 전라도 지역으로 옮겨간 이후 다시 번영했으나 660년 신라와 당의 연합군의 공격을 받아 멸망했습니다. 백제는 남중국의 여러 왕조(남조), 일본(왜)과 활발하게 교류했는데요. 이러한 교류로 일어난 변화는 무엇이고 어떤 의미가 있을까요?

선생님~ 부여는 옛날에 백제가 있던 곳이라는데 왜 부여라고 부르게 되었나요?

본래 백제는 부여와 고구려계 이주민들이 남으로 내려와 서울 부근에 세운 나라입니다. 서울 석촌동에 있는 백제 고분(옛 무덤)을 보면 압록강가에 있는 고구려 무덤이랑 비슷하죠.

만주 집안의 장군총

서울 석촌동 고분

백제는 삼국 중 가장 힘이 센 적도 있었어요. 고구려를 공격해 왕을 죽이기도 했지요. 하지만 이를 복수하러 쳐들어온 고구려에 패해 한강 유역을 뺏기고 웅진(현재 충남 공주)으로 수도를 옮겼어요.

맞아요. 백제 왕이 백성은 돌보지 않고 바둑만 두다 고구려에게 크게 졌대요.

CHAPTER 1 역사의 시작과 고대 사회

▲ 토착 귀족 세력들

백제는 일본에 많은 문화를 전수해 주었다고 들었어요.

맞아요. 남쪽으로 내려간 후 백제는 바닷길을 통해 남중국 및 일본과의 교류에 힘썼어요. 남중국에서 선진적인 문물을 받아들이고 또 그것을 일본에 전달해준 것이죠.

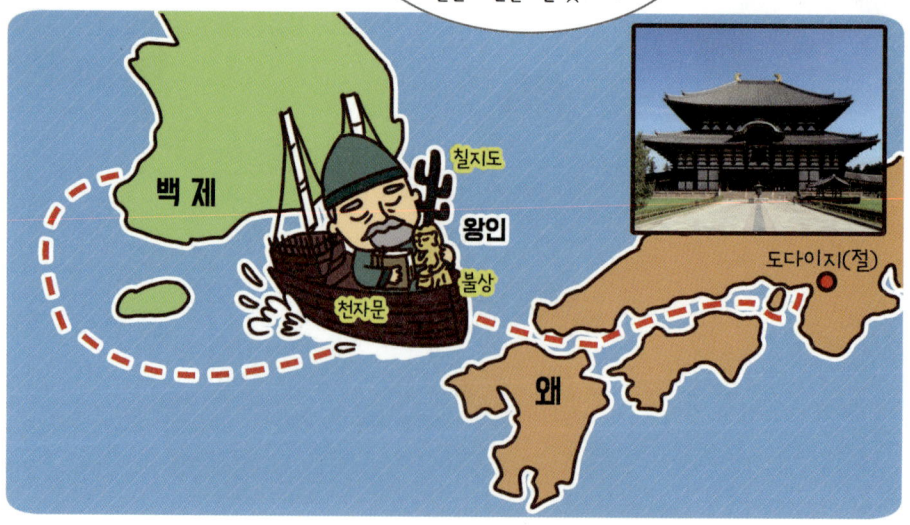

10 신라
통일의 발판이 된 한강 점령

질문 신라는 어떻게 힘을 키웠을까?

키워드 #박혁거세 #진흥왕 #화랑 #선덕여왕 #당항성

신라는 고구려, 백제와 함께 고대 한반도의 삼국 시대에 있었던 나라입니다. 위치가 한쪽에 치우쳐 있어서 선진 문화를 받아들이기 어려웠기 때문에 처음에는 고구려, 백제보다 발전이 늦었습니다. 하지만 훗날 태종 무열왕이 되는 김춘추의 활약으로 당나라와 동맹을 맺어 백제와 고구려를 무너뜨리고 삼국을 통일했습니다. 한반도의 구석진 곳에서 삼국을 통일하기까지 신라는 어떻게 힘을 키웠을까요?

*가야 연맹: 경상도 남서부에 있었던 연맹 왕국. 알에서 나온 김수로 왕이 세웠다고 하며, 여섯 나라가 연맹을 맺어 한때 번영했으나 통합을 이루지 못하여 신라에 정복당했다.

* 성골: 가장 높은 성스러운 왕족 혈통. 마지막 성골 진덕여왕 뒤로는 그보다 낮은 진골 김춘추가 왕위를 이어받았다.

11 삼국통일
하나의 국가가 된 한반도

질문 ▶ 삼국통일은 어떤 의미를 가질까?

키워드 ▶ #을지문덕 #연개소문 #김유신 #계백 #나당연합군

신라는 가야, 백제, 고구려 등 한반도에 있던 나라들을 차례로 통합하고, 676년엔 통일 과정에서 들어왔던 당나라 군대까지 대동강 북쪽으로 몰아내는 데 성공했습니다. 삼국 통일은 우리 역사상 첫 번째 통일로 민족 문화 형성의 토대를 마련하였습니다. 이처럼 역사적으로 큰 의미를 지니는 신라의 통일 과정에 대해 알아볼까요?

당시 신라는 고구려와 백제의 압박에 시달리고 있었어요. 진덕여왕의 뒤를 이은 유력한 왕족 김춘추도 백제의 공격으로 딸과 사위를 잃을 정도였어요.

아, 살아남기 위해서는 당나라와 동맹을 맺을 수밖에 없었단 말이군요.

그런데 당나라는 뭐가 아쉬워 신라와 동맹을 맺었나요?

오랫동안 분열된 중국을 통일한 수나라와 그 뒤를 이은 당나라에게 고구려는 커다란 위협이었거든요. 신라와 힘을 합치면 고구려의 뒤통수를 칠 수 있었죠.

맞아요. 수나라 100만 대군이 고구려 을지문덕 장군에게 처참하게 패해 나라까지 망했다고 들었어요.

수양제를 물리친 을지문덕의 살수 대첩(612)

당태종을 물리친 안시성 전투(645)

12 통일신라
찬란하게 꽃피운 문화

질문 통일 이후 신라가 놓친 것은 무엇일까?

키워드 #9주5소경 #신문왕 #불국사 #석굴암 #녹읍

백제와 고구려를 멸망시키고, 한반도에 들어온 당나라 군대까지 몰아낸 통일신라는 통합하여 커진 힘을 바탕으로 상당기간 번영했습니다. 이 시기에 오늘날까지 남아 있는 불국사, 석굴암, 성덕대왕신종 등 수많은 문화재가 만들어졌지요. 통일 이후 신라가 나라를 안정시킨 방법은 무엇일까요? 찬란한 문화를 꽃피웠지만 놓친 것은 무엇일까요?

* 화백회의: 신라의 진골 귀족들이 모여 열던 회의. 삼국통일 후 힘이 약해졌다.

13 발해
다양한 민족과 문화가 어우러져 번영한 '해동성국'

질문 발해, 누구의 역사로 보아야 하나?

키워드 #대조영 #무왕 #문왕 #해동성국

고구려가 멸망한 후 만주 벌판에는 고구려 유민과 말갈인이 연합하여 세운 발해라는 나라가 들어섰습니다. 처음에 발해는 명확히 고구려 계승 의식을 보이며 당나라와 대립했습니다. 하지만 시간이 흐르며 점차 당나라의 선진 문화를 받아들여 '해동성국'으로 번영하게 됩니다. 여러 민족이 다양한 문화를 가지고 살던 이 발해는 과연 누구의 역사로 보아야 할까요?

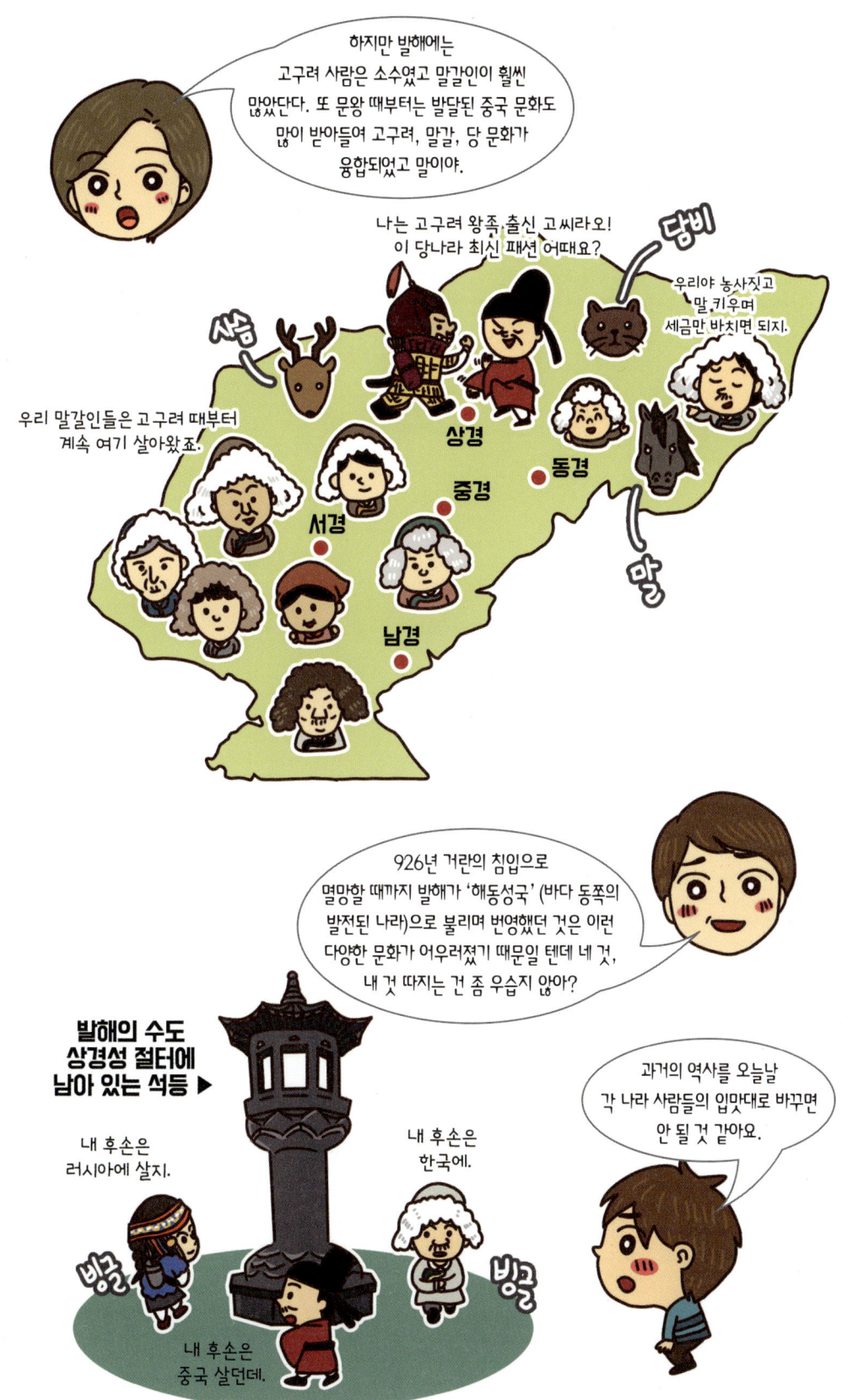

CHAPTER 2

중세 사회의 발전

14 중세 시대
세계 곳곳의 전통문화

질문 세계 여러 곳의 전통문화는 어떻게 만들어졌나?

키워드 #당삼채 #게르만족 #슬라브족 #아랍인 #힌두교

고대 다음의 시대를 흔히 '중세'라고 합니다. 중세 시대에는 고대에 여러 지역에서 만들어진 고전 문화가 다양한 다른 문화들과 어우러졌습니다. 그리하여 세계 곳곳에 각기 독특한 개성을 가진 여러 문화권들이 성립되었고, 그때의 문화 중엔 각 지역의 전통문화로 자리잡아 오늘날까지 이어지는 것도 있습니다. 이 시대에 각 지역의 문화가 어떠한 특징을 가지고 있는지 살펴볼까요?

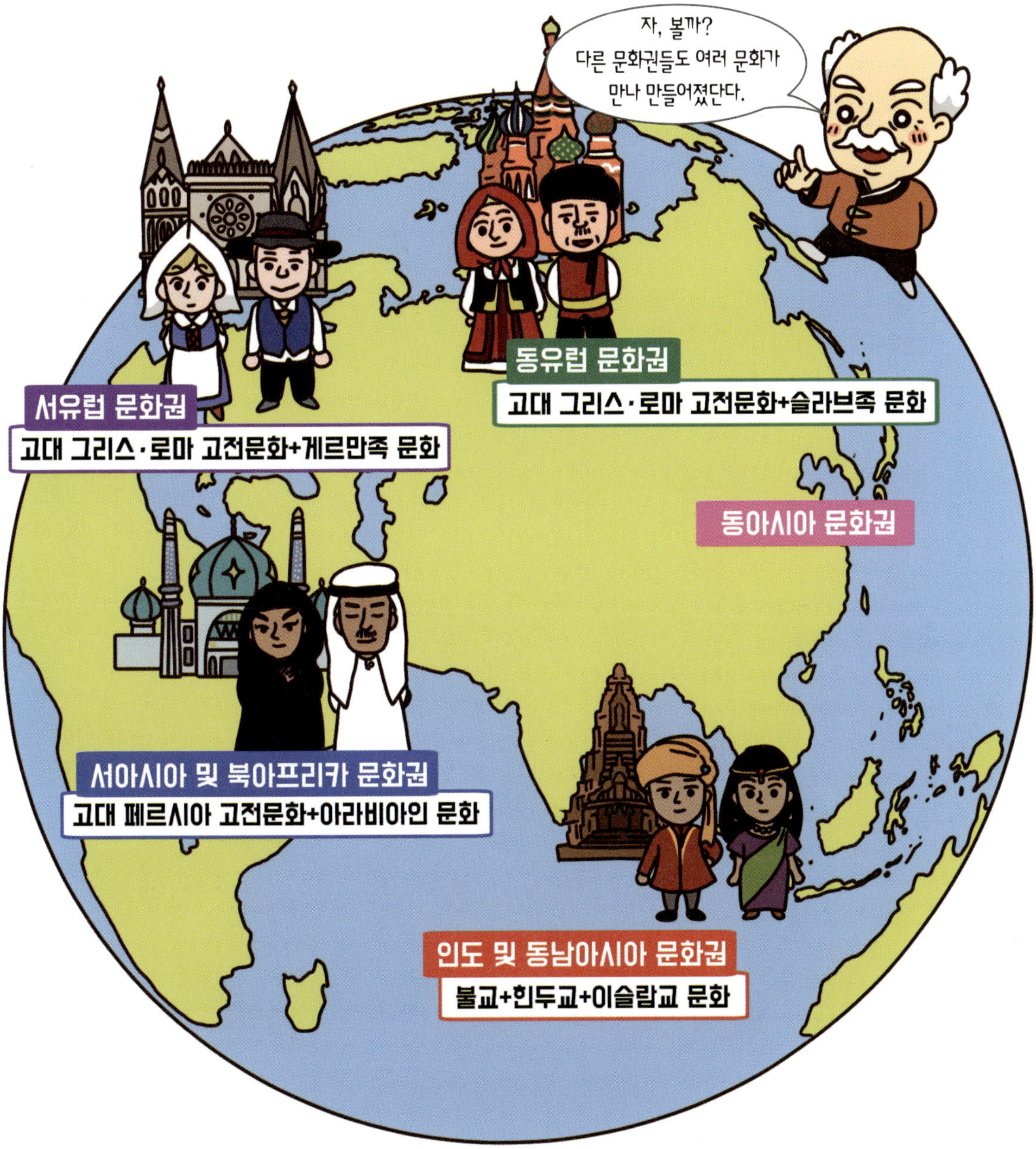

15 고려
태조 왕건의 후삼국 통일

질문 천년왕국 신라가 무너진 이유는?

키워드 #골품제 #후삼국시대 #태조왕건 #차별

시간이 흐르면서 신라는 서서히 무너지기 시작했습니다. 왕권은 약해졌고 왕위를 둘러싼 진골귀족들의 다툼은 갈수록 치열해졌지요. 백성들의 삶은 더욱 비참해졌습니다. 게다가 신라의 신분 제도인 골품제에 대해 6두품들은 큰 불만을 가지고 있었습니다. 이런 상황에서 지방 곳곳에서는 호족 세력이 등장했고 마침내 이들은 후고구려, 후백제와 같은 나라를 세웠습니다. 후삼국 시대가 펼쳐진 거죠. 과연 또 한 번의 삼국 시대를 통일한 것은 누구였을까요?

* <u>묘호</u> : 고려의 태조, 조선의 세종, 정조 등 왕이 죽고 나서 신하들이 의논하여 왕의 무덤에 붙이는 이름.

16 과거 제도의 도입
고려의 왕권 강화 정책

질문 시험이 시작된 것은 좋은 일일까 그렇지 않은 일일까?

키워드 #호족 #광종 #왕권강화 #과거제 #노비안검법 #능력중심사회

　태조 왕건이 세운 고려가 후삼국을 통일한 이후에도 호족들의 힘은 여전히 강했습니다. 그래서 태조 왕건은 호족을 달래면서, 한편으로는 감시하는 정책을 펼쳤지만 그들의 힘을 충분히 약하게 만들지는 못했습니다. 그러다 고려 4대 임금 광종은 호족을 제압하여 왕권을 강하게 만들기 위한 여러 정책을 과감하게 펼쳤습니다. 그중 하나인 과거제는 호족의 힘을 어떻게 약하게 만들었을까요?

그런데 고려의 4대 왕이 된 광종은 호족의 힘이 너무 강해서 왕권이 약해졌다고 생각했어.

그래서 호족의 힘을 약하게 만들기 위해서 원래 노비가 아니었는데 억울하게 노비가 된 사람들을 풀어주는 정책을 펼쳤지.

알겠다! 호족들이 노비를 많이 가지고 있었기 때문이군요!

광종은 또 이제부터 시험을 쳐서 관리를 뽑겠다고 했어. 그게 바로 과거 시험이야.

이야! 그러면 힘센 호족이라고 무조건 관직에 오를 수는 없어겠네요?

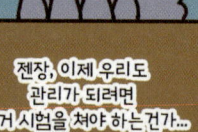

그리고 과거 시험 과목은 유교 경전을 바탕으로 하는데 왕에 대한 충성을 강조하는 내용이 많기 때문에 자연스럽게 왕에 대한 충성심도 키워줄 수 있었지.

17 유교 사상
고려 정치의 뿌리가 된 유교

질문 우리나라에 유교가 자리 잡은 때는?

키워드 #춘추전국시대 #공자 #맹자 #성종 #시무28조

한국과 중국, 일본, 그리고 베트남 같은 동아시아 국가들은 지리적으로 가까우며 문화적으로도 비슷한 점이 많습니다. 그런데 이 나라들이 공통적으로 받아들였던 사상이 바로 유교(유학)입니다. 그렇다면 유교는 언제 생겨났으며 어떤 가르침을 담고 있었을까요? 그리고 고려 때 유교 정치가 정착된 이후 어떤 변화가 나타났을까요?

18 고려와 거란의 전쟁
서희와 강감찬의 활약

질문 고려가 거란과 대립한 이유는?

키워드 #북방민족 #거란 #송 #강감찬 #서희 #전쟁

당나라가 무너지고 한동안 여러 나라로 쪼개져 있던 중국을 송나라가 다시 통일했습니다. 그런데 북방민족인 거란이 힘을 키워 중국의 북쪽과 만주 지방을 차지하고 요나라를 세운 뒤 송을 몰아내고 중국 전체를 차지하려고 했습니다. 송나라 역시 거란에게 빼앗긴 땅을 되찾으려고 기회를 엿보고 있었죠. 이런 상황에서 고려는 송나라와는 친선 관계를 맺었지만 거란에 대해서는 적대적인 정책을 펼쳤습니다. 이러한 고려의 선택은 어떤 결과를 가져왔고, 백성들에게 어떤 영향을 미쳤을까요?

* **낙성대**: 강감찬이 태어날 때 하늘에서 별이 떨어졌다고 해서 붙여진 이름

* **여진**: 과거의 말갈. 이후 만주족으로 이름이 바뀜.

19 이슬람
한반도에 남긴 교류의 흔적

질문 한국이 서양에 '고려'(KOREA)로 알려진 까닭은?

키워드 #이슬람 #무슬림 #관용 #아랍어 #벽란도

여러분은 이슬람이라는 말을 들으면 무엇이 떠오르나요? 사람마다 다르겠지만 무고한 사람을 희생시키는 테러나 여성을 차별하고 억압하는 문화가 떠오르는 친구들도 있을 것입니다. 그런데 우리가 이슬람에 대해서 가지고 있는 생각 중에 오해나 편견은 없을까요? 우리는 언제부터 이슬람 사람들과 교류하기 시작했을까요?

* **이슬람교**: 아라비아 반도에서 생겨난 종교로서 무함마드가 신의 계시를 받고 체계적으로 정리하였음. 이슬람교를 믿는 사람들을 무슬림이라고 함.

이슬람교는 알라신을 믿는 종교 아닌가요?

알라는 아랍어로 신이란 뜻이에요. 알라라는 신이 따로 있는 건 아닌 거죠. 이슬람교는 크리스트교처럼 하나의 신을 믿는 종교랍니다.

안녕? 난 대천사 가브리엘이야. 크리스트교의 성경에도 나오고, 무함마드에게 계시를 전해주기도 했지!

그런데 이슬람교는 이슬람교를 믿지 않는 사람들을 차별하고 괴롭히지 않나요?

맞아! '한 손엔 칼, 한 손엔 *꾸란'이 그래서 나온 말이잖아!

* **꾸란**: 무함마드가 신으로부터 받은 가르침을 적은 이슬람의 경전.

그건 이슬람에 대한 오해 중의 하나죠. 원래 이슬람교는 다른 종교를 믿는 사람들에게 관대한 편이었어요.

(이슬람교를 믿든 말든 상관없음. 단, 믿으면 세금 할인 혜택있음.)

이슬람교 안믿으면 다 죽인다는 말은 거짓이었구만!

차라리 이 참에 이슬람교를 믿겠어! 상인들을 장사꾼이라고 천시하지도 않고 말이야.

CHAPTER 2 중세 사회의 발전 91

▲ 통일신라 괘릉(원성왕릉으로 추정) 무인상

20 문벌
부와 권력의 독점으로 생긴 폐단

질문 몇몇이 부와 권력을 독점하면 나타나는 문제점은?

키워드 #문벌가문 #음서제 #이자겸 #금수저 #흙수저

고려는 과거 시험을 통해 나라에서 일할 관리를 뽑았습니다. 원칙적으로는 노비와 같은 천민을 제외하고는 농민들도 과거 시험을 치를 수 있었죠. 진골귀족이 아니면 능력이 뛰어나도 높은 관직에 오를 수 없었던 신라와 비교했을 때 분명히 발전된 모습입니다. 하지만 고려 역시 신분에 따른 차별은 존재했고, 게다가 점점 문벌이라 불리는 몇몇 힘센 가문이 높은 관직과 넓은 토지를 독차지하는 일이 벌어졌습니다. 문벌 세력의 힘은 어떻게 강해졌을까요? 문벌 세력이 자식에게 부와 권력을 물려준 방식과 오늘날 금수저, 흙수저 문제는 어떤 점이 비슷할까요?

원칙적으로는 과거를 쳐야 했던 것이 맞아요. 하지만 음서라는 제도가 있어서 높은 관직에 오른 사람의 아들이나 손자는 과거 시험 없이도 관직에 오를 수 있었죠.

헐! 그러면 문벌 세력들은 어렵지 않게 관리가 될 수 있겠네요. 고려에도 금수저가 있었다니!

하찮은 집안과 결혼해서 우리 힘이 약해지면 안되지!

고려도 철저하게 능력만으로 성공할 수 있는 사회는 아니었군요. 게다가 음서로 관직에 오를 수 있었던 것은 남성뿐이었고…

시간이 지날수록 문벌 세력의 힘은 더 강해졌어요. 그중에서도 특히 경원 이씨 집안의 이자겸이라는 인물의 힘은 정말 막강했죠.

⑯ 예종 — ⑰ 인종
문경 태후 (이자겸의 딸)
폐비 (이자겸의 딸)
폐비 (이자겸의 딸)

왕도 함부로 할 수 없을 정도로 힘이 세군요. 이자겸은 어떻게 되었나요?

마님, 선물로 들어온 고기가 가득차서 썩어가고 있는뎁쇼.
작은 성의입니다만 벼슬자리 하나 어떻게 안될까요?

21 서경천도
문벌 약화를 위한 정책

질문 묘청이 수도를 옮기려고 했던 까닭은?

키워드 #서경 #개경 #묘청 #김부식 #서울중심주의

고려의 수도는 개경(지금의 개성)이었습니다. 그런데 태조 왕건은 고구려의 옛 땅을 되찾기 위한 북진정책을 펼치고자 평양을 '서경'(서쪽의 수도)이라 부르며 중요하게 생각했습니다. 하지만 거란과의 전쟁 이후 북진정책을 포기하면서 서경은 점점 푸대접을 받았고 개경 출신의 문벌 세력들이 중요한 관직을 독차지하였습니다. 그래서 서경 출신들은 큰 불만이 가지게 되었습니다. 이런 이유에서 서경 출신의 묘청 등은 문벌 세력을 약하게 만들고자 수도를 개경에서 서경으로 옮기려는 계획을 세웠습니다. 이들의 계획은 과연 성공했을까요?

*천도: 수도를 옮김.

22 무신정변
차별당하던 무신들의 반란과 권력 쟁취

질문 차별받던 무신들의 정변 이후 사회는 좀더 나아졌을까?

키워드 #문신 #무신 #최충헌 #망이_망소이

글과 문서로 일을 하는 관리를 문신이라 부릅니다. 고려 문벌 세력들은 모두 문신이었지요. 이러한 문신들에 비해 군인인 무신들은 많은 차별을 받았습니다. 왕과 문신들은 무신들을 더욱 하찮게 생각했죠. 대표적인 문벌 세력인 김부식의 아들 김돈중이 장난삼아 무신 정중부의 수염을 태우는 일까지 있을 정도였습니다. 결국 참다못한 무신들은 반란을 일으켜 문신들을 없애고 권력을 장악했습니다. 그렇다면 당시 무신들이 받은 차별에는 어떤 것들이 있을까요? 그리고 권력을 잡고 나서 무신들이 보인 행동을 통해 우리는 어떤 교훈을 얻을 수 있을까요?

* 장군으로 알려진 강감찬, 서희, 윤관도 사실 문신이었음.

CHAPTER 2 중세 사회의 발전

23 고려와 몽골의 전쟁
힘을 합친 고려군과 민중

질문 세계 최강 몽골과 무려 30년간 싸운 이유는 무엇이었을까?

키워드 #몽골 #칭기즈칸 #강화도 #최씨_정권 #고려민중들의_저항

최씨 무신정권이 권력을 잡고 있을 무렵, 몽골 초원에서는 칭기즈칸이 몽골족을 통일하고 몽골제국을 세웠습니다. 몽골제국은 중국 전체를 차지했고, 서쪽으로 진격해 이슬람제국과 러시아 지역까지 정복하며 다른 나라들을 벌벌 떨게 만들었습니다. 강력한 몽골제국은 고려에도 무리한 공물을 요구하며 압박하였는데, 그 과정에서 고려로 보낸 몽골 사신이 누군가에게 죽임을 당하자 몽골은 이것을 고려가 저지른 것이라 주장하며 고려를 공격했습니다. 무려 30년간, 8차례나 몽골과 전쟁하는 동안 최씨 정권은 어떤 모습을 보였으며 백성들의 삶은 어땠을까요?

* 과학적으로 분명하게 검증된 사실은 아님.

24 원나라의 간섭
100년간 이어진 간섭과 권문세족의 등장

질문 원나라의 간섭으로 나타난 변화들은?

키워드 #쿠빌라이 #원의_간섭 #문화교류 #권문세족 #백성수탈

몽골에 항복하기를 거부했던 최씨 무신정권은 내부 분열 끝에 마침내 무너졌습니다. 그러면서 다시 왕의 권력이 회복되었지만, 고려는 결국 원나라(몽골족이 세운 나라를 부르는 이름)에 항복했습니다. 다행히 고려는 원나라에 정복된 다른 나라들과는 다르게 고려라는 나라 이름을 유지하고 직접적으로 그들의 지배를 받는 일은 피할 수 있었습니다. 하지만 그 대가로 100년 가까이 원의 간섭을 받아야 했습니다. 이 간섭은 고려 사회에 어떤 영향을 미쳤을까요?

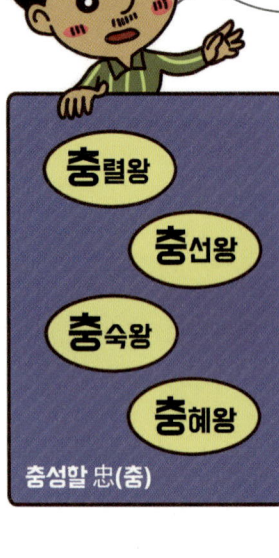

25 조선의 탄생
고려의 멸망과 이성계의 조선 건국

질문 이성계가 조선을 세울 수 있었던 이유는?

키워드 #공민왕 #신진사대부 #이성계 #우왕 #최영 #철령이북땅 #정몽주

원나라의 위세를 등에 업은 권문세족의 횡포는 갈수록 심해졌습니다. 그들은 높은 관직을 독차지하고 백성들의 토지를 함부로 뺏으며 노비로 만들었습니다. 이런 상황에서 신진사대부(정도전, 정몽주 등)라는 새로운 세력이 등장했는데요. 유교의 한 종류인 성리학을 받아들인 신진사대부들은 권문세족을 몰아내고 고려 사회를 개혁해야 한다고 생각했습니다. 그들은 강력한 군사력을 가진 이성계와 손을 잡고 권력을 잡을 기회만 노리고 있었습니다. 이 둘의 동맹은 어떤 결과를 빚어냈을까요?

3 CHAPTER

근세 사회의 변화

26 하나로 묶인 세계
국제교류의 시작

질문 세계는 언제부터 하나가 되기 시작했을까?

키워드 #팍스몽골리카 #신항로개척 #르네상스 #종교개혁 #과학혁명

문화 교류는 먼 옛날부터 이어져온 것입니다. 고대부터 사람들은 비단길·초원길·바닷길 등을 통해 서로가 가진 지혜와 기술들을 나누고 배워왔습니다. 1200년대 유라시아 대륙을 하나로 통합한 몽골제국에 의해 세계 교류는 한층 더 활발해졌고, 1500년대 이후로는 유럽인들에 의해 본격적으로 세계가 하나로 묶이기 시작합니다. 그 과정에서 희생된 사람들은 누구일까요?

몽골 제국 멸망 후 여러 나라가 나타나 각자의 문화를 발전시켰지.

이 무렵 유럽은 이슬람 세력과 십자군 전쟁에서 패배했어. 하지만 많은 발전과 변화가 나타났지.

* **돈키호테**: 세르반테스가 쓴 소설의 주인공 이름.
* **르네상스(Renaissance)**: 르네상스는 '부활'이라는 뜻을 담고 있는 프랑스 단어.

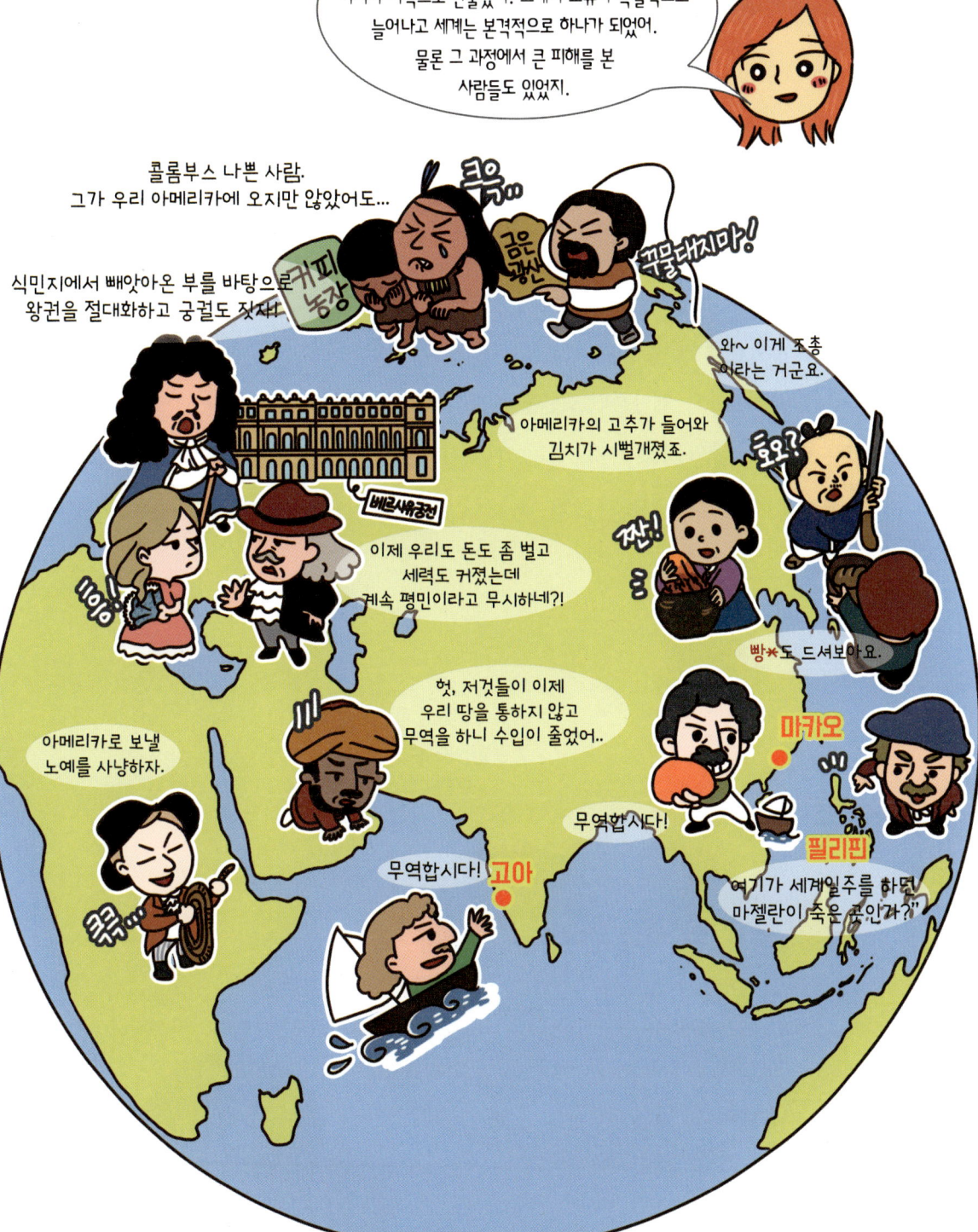

27 성리학
조선 시대를 대표하는 사상

질문 지금까지 남아 있는 성리학적 풍속들은?

키워드 #성리학 #유학 #주자 #민본 #효

성리학은 고려 시대 때 중국 원나라에서 받아들인 학문입니다. 이후 조선 시대를 대표하는 중요한 사상이 되었지요. 왜냐하면 조선을 세운 신진사대부들의 사상적 바탕이었고, 조선 중기 이후에는 사림들이 향촌 사회에 널리 알리면서 평범한 백성들에게도 익숙해졌기 때문입니다. 성리학으로 인해 어떤 변화가 나타났고 지금까지 그것은 어떤 영향을 미치고 있을까요?

주자(1130~1200).
*자(子)는 선생님이라는 뜻.

* **사림**: 조선 건국에 반대했던 사대부들의 제자. '사림의 등장과 사화'에서 구체적으로 설명.

28 세종대왕
수많은 업적과 위대한 정책

질문 한글창제 이외의 세종의 업적은?

키워드 #세종 #한글 #농사직설 #장영실 #4군6진

한글을 만들고 정치·경제·문화 부분에서 수많은 업적을 남긴 세종. 그래서 세종은 '대왕'이라 불리며 한국에서 가장 존경받는 대표적인 위인 중 한 사람입니다. 하지만 세종이 실시한 정책 중에는 비판을 받는 것들도 있답니다. 현재 우리의 관점에서 보면 비민주적인 정책들도 있습니다. 우리는 세종의 업적을 어떻게 평가해야 할까요?

또, 북쪽의 여진족을 몰아내고 새로운 땅을 얻었는데, 그 땅을 지키기 위해 강제로 백성들을 이사시키기도 했어요.

여진 〈6진〉
명 〈4군〉
조선

저라면 추운 국경 지대로 이사를 가고 싶지 않았을 것 같아요. 전쟁이 언제 일어날지 몰라서 늘 불안하고요.

세종대왕이 업적을 많이 남기기는 했지만 백성들을 힘들게 하기도 했군요.

우리의 문제는 우리가 의논해서 결정하는 것!

그것이 바로 민주주의라고 생각해요.

빠! 밤!

아무리 세종이 백성을 생각하는 왕이었다고 해도 백성들 스스로 자신들의 문제를 해결하게 하진 않았네요.

반면에 민주 사회인 오늘날에는 시민들이 중요한 문제를 결정할 수 있군요!

맞아요. 만약 국민들이 그런 권리를 보장받지 못한다면 제대로 된 민주 사회라고 보기 어렵겠죠.

29 경국대전
조선의 제도 법제화

질문 500년 전의 법과 제도는 어떠했을까?

키워드 #경국대전 #성종 #서얼 #노비 #제도

〈경국대전〉은 조선 성종 때 완성된 나라의 기본 법전입니다. 이것은 조선 초기의 제도가 완성되어 법으로 만들어졌음을 보여줍니다. 법은 시대와 장소에 따라서 다른데, 그 이유는 특정 시대 혹은 특정 사회에 살았던 사람들이 바람직하다고 생각하는 것을 담고 있기 때문입니다. 그래서 법을 보면 법을 사용하는 사람들의 생활을 짐작할 수 있습니다. 〈경국대전〉의 내용 중에서 오늘날과 비슷한 점과 다른 점들을 찾아볼까요?

* **문과**: 조선 시대 과거 시험에는 문과·무과·잡과가 있었음. 문과는 유교경전과 글을 짓는 시험으로 주로 양반들이 볼 수 있었음. 무과와 잡과는 그에 비해 천시되었음.
* **서얼**: 양반과 신분이 낮은 첩 사이에서 태어난 자식들을 가리키는 말.

30 사대외교
조공과 책봉으로 맺어진 동아시아의 국가 관계

질문 사대외교는 지혜일까 굴욕일까?

키워드 #사대 #조공 #책봉 #중화 #소중화

조선은 성리학 이념을 바탕으로 중국 명나라와 조공 책봉 관계를 맺었는데 이를 '사대(事大)'라고 합니다. 조공은 중국의 주변 나라들이 중국 황제에게 정기적으로 예물을 바치는 것을, 책봉은 중국 황제가 주변 나라 왕들을 신하로 임명하는 것을 말합니다. 이처럼 조공과 책봉을 통해 중국과 주변 나라들 사이에는 평화로운 외교관계가 이루어졌어요. 그런데 가끔은 이를 조선의 부끄러운 역사라고 말하는 이들도 있습니다. 어떻게 평가하는 것이 옳을까요?

31 사림
훈구와 대립하여 네 번의 화를 입다

질문 많은 선비가 목숨을 잃는 화를 입은 까닭은?

키워드 #사림 #훈구 #공신 #사대부 #사화

역사를 보면 종종 새로운 정치 세력이 나타나 사회를 바꿉니다. 나중에는 이들을 비판하는 세력이 등장하며 또 다른 변화가 생겨나지요. 단종을 몰아내고 세조를 왕으로 만든 훈구 세력은 높은 벼슬과 넓은 토지를 가지고도 백성들을 괴롭혔습니다. 그러자 성종 때 사림이 나타나 훈구를 비판하면서 이 두 세력 사이의 대립이 심해졌습니다. 사림의 등장으로 조선 사회에는 어떠한 변화가 나타났을까요? 사림은 훈구와의 대립 이후 어떻게 되었을까요?

◀ 대표적인 훈구파 인물 한명회의 정자 '압구정'을 그린 그림. 현재 서울 압구정동의 유래가 됨.

32 붕당의 형성
서원과 향약으로 힘을 키운 사림의 분열

질문 선비들은 어떻게 정치에 참여하였나?

키워드 #붕당 #서원 #향약 #동인 #서인

사림들은 네 번의 사화를 겪었지만 서원과 향약을 통해 점점 세력이 강해졌습니다. 그러다 선조 때 드디어 훈구 세력을 물리치고 정권을 잡았습니다. 이후 사림이 동인과 서인으로 나누어지면서 붕당이 만들어졌어요. 사림들이 힘을 키우는 데 서원과 향약은 어떤 역할을 했을까요? 그리고 붕당은 무엇이며 어떤 역할을 했을까요?

* **서원**: 사림들이 세운 사립 학교.

사림들은 중국에서 들여온 향약을 자기 마을에 맞게 고쳤어. 성리학을 공부한 사림들은 부모 앞에서 양반다리로 앉을 수 없다, 아랫사람은 윗사람을 욕해선 안 된다 같은 성리학적인 규칙을 만들었지.

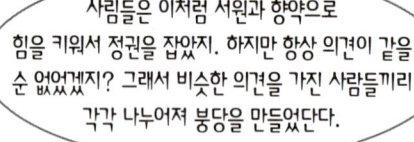

사림들은 이처럼 서원과 향약으로 힘을 키워서 정권을 잡았지. 하지만 항상 의견이 같을 순 없었겠지? 그래서 비슷한 의견을 가진 사람들끼리 각각 나누어져 붕당을 만들었단다.

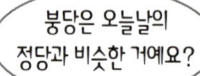

붕당은 오늘날의 정당과 비슷한 거예요?

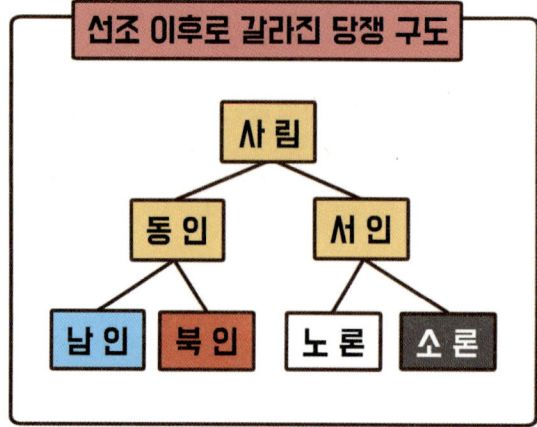

와~ 동서남북 완성이네.

33 임진왜란
7년의 상처를 극복하고 얻은 값진 승리

질문 7년간의 임진왜란이 조선사회에 남긴 상처는?

키워드 #임진왜란 #조총 #명나라 #의병 #이순신

조선 시대, 이웃나라 일본은 오랫동안 자기들끼리 전쟁을 반복했습니다. 그러다 도요토미 히데요시가 일본을 통일하지요. 도요토미 히데요시는 곧 조선에 쳐들어왔습니다. 얼마 전까지 자기와 싸우던 부하들이 다른 생각을 하지 못하도록 말이지요. 전쟁 초기에는 일본이 이길 것 같았지만, 조선은 이순신을 비롯한 수군, 의병, 명나라 군대의 도움으로 전쟁을 극복할 수 있었습니다. 왜란에서 일본을 물리치긴 했지만, 참혹한 전쟁 때문에 수많은 사람이 처참하게 죽었습니다. 전쟁에 책임을 져야 했던 사람들이 무책임한 모습을 보이기도 했지요. 임진왜란에서 우리가 배워야 할 점은 무엇일까요?

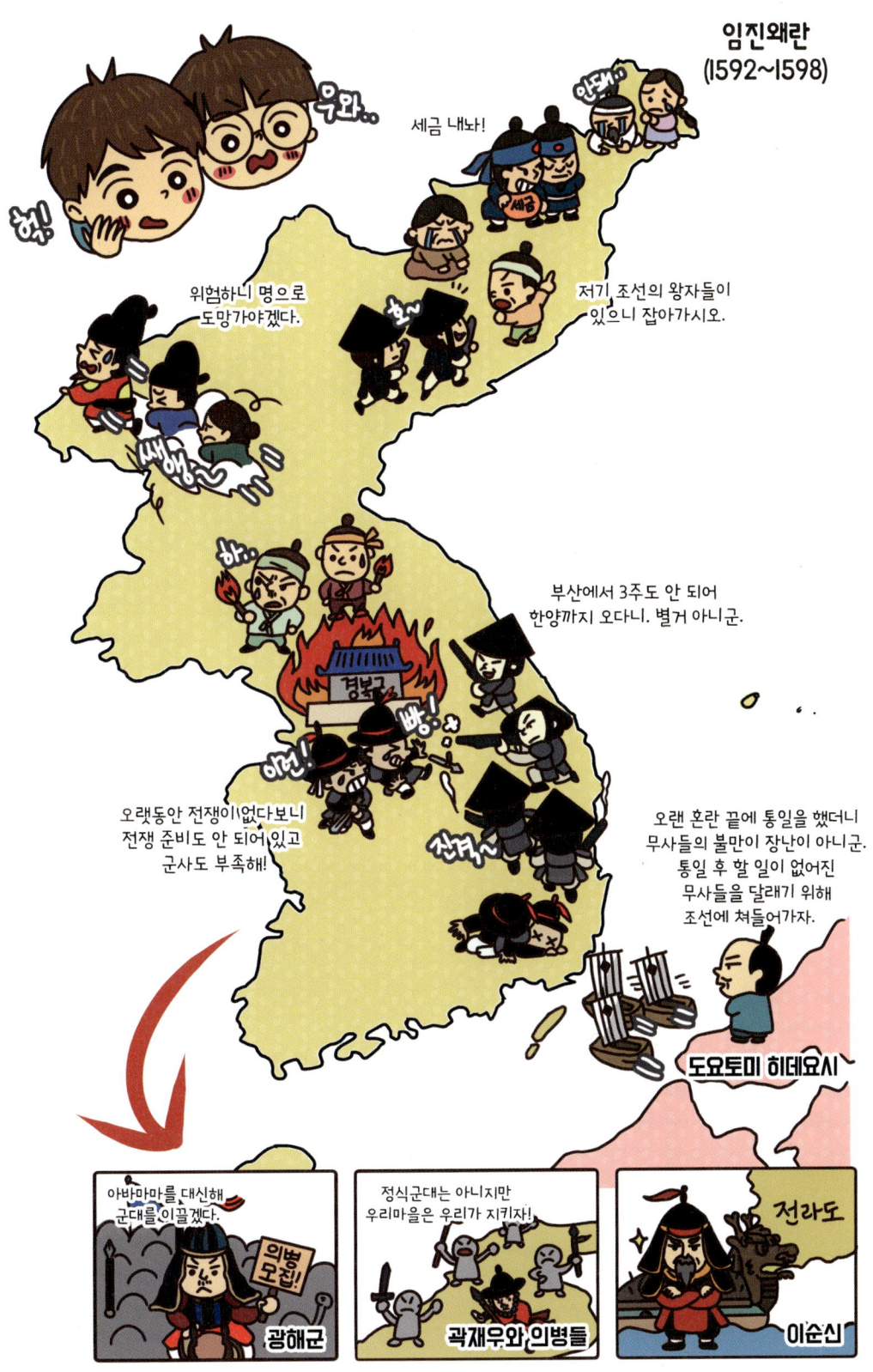

34 병자호란
청나라의 침입과 굴욕적인 항복

질문 외교정책과 전쟁과의 관계는?

키워드 #병자호란 #광해군 #중립외교 #인조 #후금(청)

명나라는 임진왜란 때 조선에 대규모 군대를 보내며 국력이 약해졌습니다. 그 틈을 타 만주 지방을 통일한 여진족은 후금을 세우고 명나라와 대립했습니다. 이러한 상황에서 조선은 명과 후금 사이에서 중립을 유지하였는데요. 중립외교를 했던 광해군이 쫓겨나고 인조가 왕이 되면서 명과 친한 관계를 유지하고 후금을 멀리하다가 결국 청으로 이름을 바꾼 후금의 침입을 받아 항복하게 됩니다. 명과 후금(청)사이에서 조선은 어떠한 선택을 하는 것이 좋았을까요? 오늘날 우리에게 주는 역사적 교훈은 무엇일까요?

35 탕평정치
붕당 간의 균형 유지를 위한 노력

질문 정치적 갈등을 없애기만 하면 좋은 것인가?

키워드 #예법문제 #숙종 #영조 #정조 #탕평정치

붕당이 등장하였던 처음에는 서로 비판하면서도 다른 당의 존재를 인정하는 모습이었습니다. 그러나 언젠가부터 한쪽 당이 정권을 잡으면 다른 쪽 당의 사람들을 관직에서 쫓아내면서 갈등이 심해졌습니다. 그래서 영조와 정조 때는 강력한 왕을 중심으로 붕당에 상관없이 능력 있는 사람들을 관리로 뽑겠다는 탕평정치를 실시했습니다. 탕평정치는 붕당 간의 균형을 맞추는 데에 성공할 수 있었을까요?

CHAPTER 3 근세 사회의 변화

36 조선 후기의 농업 발달
사회 변화의 서막

질문 근대의 싹이 돋아나게 만든 원동력은?

키워드 #모내기법 #김매기 #빈부격차 #상품화폐경제 #근대

조선 후기는 농업에서 많은 변화가 일어났던 시기였습니다. 모내기법이 유행하면서 전보다 적은 시간과 노력으로도 더 많은 작물을 생산할 수 있었고, 시장에 팔기 위해 기르는 상품 작물을 재배하여 부유한 농민들이 늘어났습니다. 이러한 농업의 발전은 조선 사회에 어떠한 커다란 변화를 가져왔을까요?

37 조선 후기의 상공업 발달
시장 규모의 확대와 화폐 등장

질문 조선 후기 상공업 발전이 벽에 부딪힌 이유는?

키워드 #시전 #난전 #장시 #수공업 #상평통보

조선 후기 농업이 발달하면서 상공업도 발달했습니다. 지역마다 장시가 늘어났고 새로운 상인들이 증가했습니다. 대상인이 나타났고 중국과 일본을 연결하는 무역이 활발해지기도 했습니다. 상인들이 수공업자들을 고용해서 물건을 만드는 공장의 모습도 나타났습니다. 하지만 이러한 변화가 크지 않았다고 보는 학자들도 있습니다. 서로 다른 두 주장의 근거는 무엇이고 우리는 이를 어떻게 해석해야 할까요?

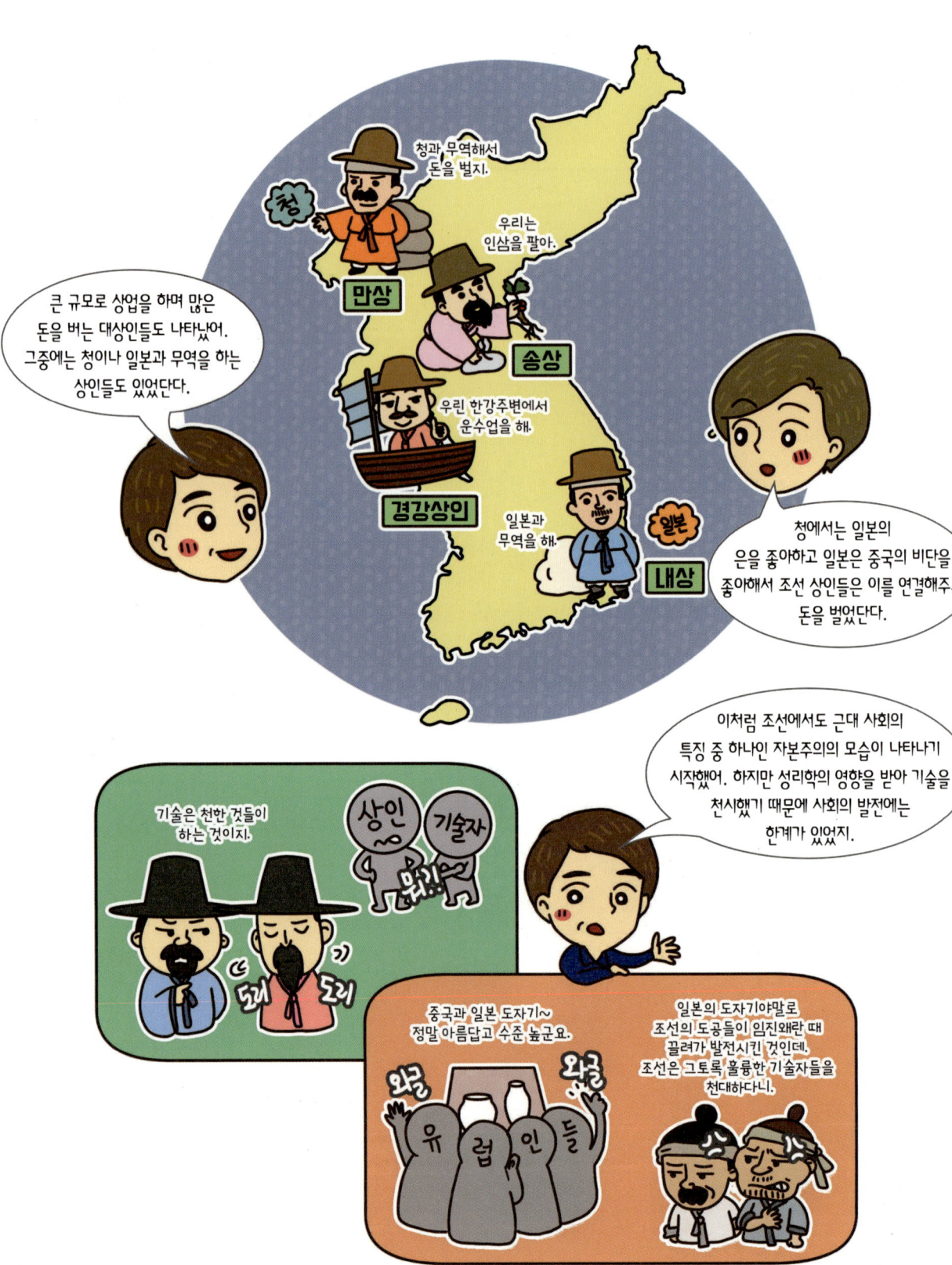

38 실학
성리학을 비판하며 등장한 새로운 학문

질문 실학이 해결하고자 했던 현실 문제는?

키워드 #실학 #박지원 #박제가 #정약용 #혼천의

조선 후기에 땅이 없는 농민들이 늘어나며 많은 문제가 생겼습니다. 성리학만 공부하던 지배층은 이러한 현실적인 문제들을 해결하지 못했습니다. 이를 비판하며 나타난 학문이 실학입니다. 실학자들은 백성들의 문제를 해결하기 위해 토지 문제를 바로잡자거나 오랑캐로 얕잡아보던 청나라로부터 배우고 상공업을 발전시켜야 한다고 말하기도 했습니다. 하지만 결국 실학은 조선의 현실을 바꾸는 데에 한계가 있었습니다. 실학자들이 가진 한계는 무엇이었을까요? 그럼에도 불구하고 어떠한 역사적 의의가 있을까요?

* **실사구시**: 사실을 바탕으로 진리를 탐구한다.

성호 이익

다산 정약용

39 세도 정치
권력을 쥔 외척 세력

질문 정치가 부패하면 민중의 삶은 어떻게 되나?

키워드 #세도정치 #안동김씨와_풍양조씨 #삼정의_문란 #홍경래의_난 #임술농민봉기

　1800년대 초반 순조·헌종·철종이 왕위에 있던 시기에는 왕의 힘이 약해 왕비 집안의 몇몇 가문이 권력을 독점하였습니다. 이들은 뇌물을 주고받으며 벼슬을 사고 팔았고 부정부패한 관리들이 여러 방법으로 세금을 과도하게 거두면서 백성들의 삶을 더욱 어렵게 하였습니다. 소수의 사람들이 권력을 독점하면 어떠한 문제가 생길까요?

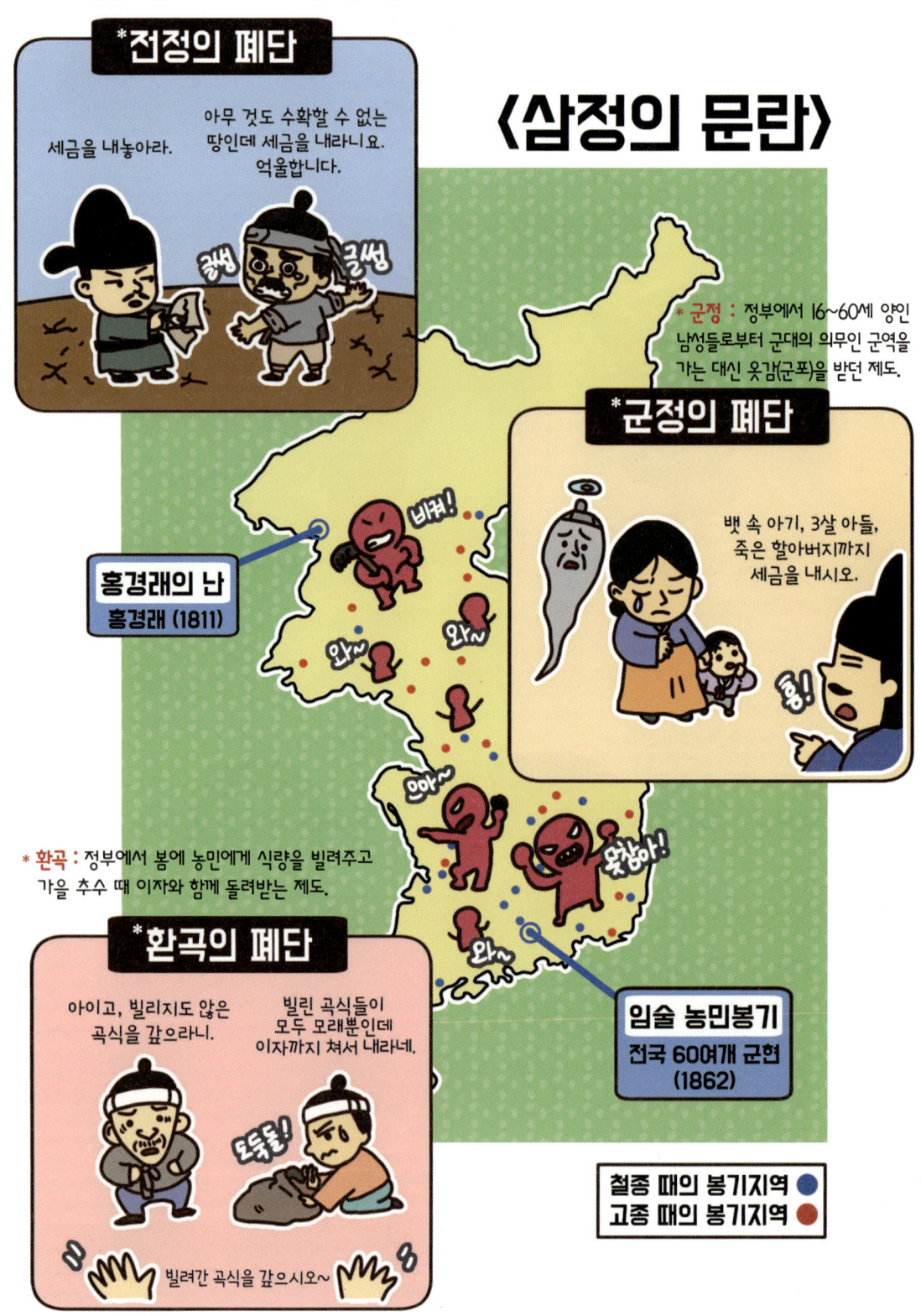

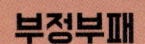

❶ 1863년 고종 즉위, 흥선대원군 집권

❷ 1866년 병인박해와 병인양요

❸ 1871년 신미양요

❹ 1875년 운요호 사건

❺ 1876년 강화도 조약 체결

❻ 1882년 임오군란

❼ 1884년 갑신정변

❽ 1894년 동학농민운동, 갑오개혁

❾ 1896년 아관파천, 독립협회 설립

❿ 1897년 대한제국 선포

⓫ 1904년 러일전쟁

⓬ 1905년 을사조약(을사늑약)

⓭ 1907년 헤이그 특사 파견, 국채보상운동

⓮ 1909년 안중근 의거

⓯ 1910년 대한제국의 국권 상실

4
CHAPTER

개항과 근대의 시작

40 근대 시대
산업혁명과 시민혁명으로 열린 근대사

질문 산업혁명과 시민혁명이 우리에게 준 빛과 그림자는?

키워드 #산업혁명 #시민혁명 #자본주의 #국민국가 #사회주의

조선 후기인 1600~1700년대, 유럽에서는 산업혁명을 바탕으로 자본주의가 발전했습니다. 경제적으로 성장한 상공업자들을 중심으로 시민의 자유와 권리를 주장하는 시민혁명이 번져나갔지요. 민족을 기반으로 국민 국가가 형성됐고 자기 나라의 경제적 이득을 위해 다른 나라를 식민지로 삼는 제국주의가 확산되었습니다. 근대라고 부르는 이 시기는 지금 같은 풍요로움의 시작이었지만 그 혜택이 세계로 확산되기까지는 오랜 시간이 걸리고 많은 아픔도 있었답니다. 조선도 예외는 아니었겠죠?

한국 최초의 철도 〈경인선〉

한국 최초의 서양식 병원 〈제중원〉

41 흥선대원군
왕권 강화와 교역 거부

질문 흥선대원군의 정책은 조선에 이로운 선택이었을까?

키워드 #경복궁_재건 #서원철폐 #통상수교거부정책 #척화비

서양 세력이 본격적으로 조선에 손을 뻗칠 무렵, 조선에서는 왕위 계승을 둘러싼 혼란 끝에 고종이 즉위했습니다. 그런데 고종이 너무 어렸던 탓에 아버지인 흥선*대원군이 대신 정치를 하게 되었어요. 이때 서양의 요구대로 항구를 열고 교역할 것인지, 아니면 기존의 방침대로 서양과의 교역을 거부할 것인지 논쟁이 이어졌습니다. 조선에 이로운 선택은 무엇이었을까요?

* **대원군**: 왕의 아버지를 부르는 말.

42 강화도 조약
불평등 조약을 통한 강제 개항

질문 준비 없이 시작한 개항으로 어떤 문제가 생겼을까?

키워드 #운요호사건 #불평등조약 #최초의_개항 #치외법권 #해안측량권

흥선대원군이 *통상수교거부정책을 펼치는 동안에도 프랑스, 미국 등 외국은 끊임없이 무역을 요구해왔습니다. 완강하게 버티던 조선은 결국 항구를 열고(개항) 외국과의 무역을 시작하게 되었어요. 우리와 가장 처음 무역한 나라는 어디이고 어떻게 무역을 시작했을까요? 이러한 무역이 조선에 가져온 변화는 무엇이었을까요?

*__통상수교거부정책__: 나라 간에 물건을 사고파는 무역과 외교관계를 맺는 것을 거부하는 정책.

43 임오군란
차별당하던 구식 군인의 반란

질문 개화에 대한 백성들의 반발을 청나라가 진압한 결과는 어땠을까?

키워드 #개화정책 #통리기무아문 #별기군 #제물포조약

개항 이후 정부는 외국의 문물을 받아들여 개혁하는 것으로 방향을 정하고 여러 정책을 실시했습니다. 이런 개화 정책을 찬성하는 개화파도 있었지만 반발하는 사람도 많았지요. 여러 양반의 반대뿐 아니라 민중의 반란도 일어났어요. 개화를 둘러싼 내부의 갈등은 결국 청과 일본의 간섭을 가져오고 조선은 더욱 어려운 상황에 처했지요. 과연, 조선이 살아남는 방법은 무엇이었을까요?

정부가 청의 도움을 받아 반란을 진압했고 청은 흥선대원군을 잡아갔어. 이후 청은 조선의 정치에 간섭하고 조선에 불리한 조약을 맺으며 경제도 수탈했지.

일본도 조선에 피해를 배상하라며 돈을 받아갔어. 또 일본 국민을 보호해야 한다는 핑계로 일본 군대를 조선에 두게 했지(제물포 조약).

하아~ 두 나라가 서로 조선을 못 잡아먹어 안달이네요.

잊지마, 조선은 청의 속국이라고. 자, 여기 도장 찍어!
*조청상민수륙무역장정

끄응...

쳇. 우리가 물러날 줄 알아? 두고 보자고!

* **조청상민수륙무역장정**: 조선과 청이 무역에 관해 맺은 불평등 조약, 청의 상인들이 조선에 머무르며 활동할 수 있게 함.

이후로 청나라 상인들은 조선에 본격적으로 진출해 돈을 벌었어. 주로 무역을 하던 항구가 제물포(현재 인천)였기 때문에 인천에 자리 잡았지.

이렇게 조선에 청과 일본의 상인들이 모두 들어와 활동하게 되었단다.

먹음직~

◀ 인천의 한 식당에서 중국 상인들의 입맛에 맞추어 개발한 메뉴, **'짜장면'**

아하, 그래서 인천에 차이나타운이 만들어졌군요.

에휴~ 그런데 조선 상인은 청과 일본 상인들 사이에서 더 힘들어졌겠어요.

44 갑신정변
조선의 자주독립과 근대화를 향한 시도

질문 개혁의 성공을 위해 필요한 것들은?

키워드 #급진개화파 #우정국 #입헌군주제 #신분제폐지 #최초의_근대화운동

조선이 교역을 거부하고 있을 때, 개화파는 외국의 문물을 접하면서 새로운 세상과 나라를 꿈꾸었습니다. 개화파는 지향하는 방향과 속도에 따라 둘로 나뉘었는데요, 보다 빠른 변화를 원했던 일부가 자신들의 뜻을 행동으로 실천하는 일이 일어났습니다. 이들이 그렸던 나라는 과연 어떤 모습이었을까요?

조선 최초의 우표 '문위우표'

45 동학농민운동
개혁에 앞장서고 침략에 저항한 전봉준

질문 농민들이 꿈꾸었던 새로운 나라의 모습은?

키워드 #동학 #전봉준 #전주화약 #집강소 #청일전쟁

조선 시대 대부분의 백성들은 농민이었습니다. 왕과 양반들의 지배를 받았던 농민들은 나라에 필요한 세금을 내면서도 나라의 운영에 참여할 권리는 가지지 못했지요. 그런데 조선 후기의 사회적인 혼란 속에서 직접 나라를 지키고 새로운 세상을 만들기 위해 노력한 사람들이 있었답니다. 농민들이 나서서 나라의 제도를 개혁하려고 했던 시도에서 우리는 어떤 의미를 찾을 수 있을까요?

* **동학**: 최제우가 조선 말기에 창시한 종교로, 모든 사람의 평등(인내천)과 사회변혁(후천개벽)을 주장하여 농민들에게 널리 받아들여졌으며, 1894년 동학농민운동의 배경사상으로 작용함.

CHAPTER 4 개항과 근대의 시작

46 갑오개혁
일본의 간섭에 저항하며 근대 국가의 길을 열다

질문 우리나라에서 신분제가 사라지게 된 것은 언제부터인가?

키워드 #군국기무처 #신분제폐지 #재판소설치 #단발령 #을미사변

근대적인 개혁을 주장하는 세력들과 반대하는 세력, 근대적 개혁을 강요하는 외국, 새로운 나라를 요구하는 백성들. 그 복잡한 틈바구니에서 조선 정부는 살아남아야 했습니다. 고종은 갑신정변과 동학농민운동 당시 등장했던 개혁 요구들을 받아들이면서 근대적인 국가로 바꾸기 위해 노력하였습니다. 여러 어려움 속에서 조선은 어떠한 개혁을 펼쳤을까요?

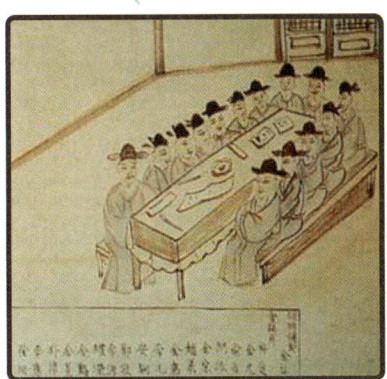
▲ 군국기무처

▲ 김홍집

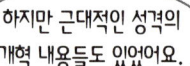

갑오·을미개혁

"하지만 근대적인 성격의 개혁 내용들도 있었어요."

왕실의 정치 참여를 제한함

쳇, 우리는 힘을 쓸 수가 없구만.

명성황후 고종

청에 대한 사대 폐지

이제 우리도 자주 국가!

재판소 설치

이제 재판은 재판소에서!

신분제 폐지

이제 모든 사람이 평등한 세상이오~.

과거제 폐지

과부도 재혼 가능

단발령 실시

상투를 잘라라!

47 독립협회
민중과 함께한 독립운동

질문 독립협회가 꿈꾼 독립은 무엇으로부터의 독립이었을까?

키워드 #독립문과_독립신문 #서재필 #만민공동회 #헌의6조 #입헌군주정

나라를 개혁하기 위해 많은 사람들과 단체가 노력했지만 그중에서도 독립협회는 민중을 중심에 두어야 한다고 주장했던 단체였습니다. 독립신문과 강연회 등을 통해 민중을 가르치고, 민중을 나라의 힘으로 삼고자 했습니다. 만민공동회 같은 대중 모임을 열어 사람들의 의견을 정부에 전달하기도 했고요. 왕의 권한을 헌법으로 제한하는 입헌군주제와 의회 설립까지 꿈꾸었던 이들의 움직임은 성공했을까요?

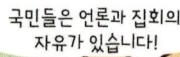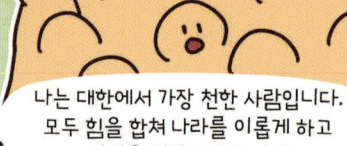

48 대한제국
황제가 된 고종의 독립과 개혁 추진

질문 대한제국은 왜 이름뿐인 제국이었을까?

키워드 #광무개혁 #구본신참 #대한국국제 #토지지계사업

외국 세력의 위협으로부터 벗어나 나라의 독립을 지키기 위한 방법을 모색하면서, 조선에서는 왕의 권한을 축소하고 민중의 자유를 보장하여 민중의 힘으로 나라를 지켜야 한다는 논의가 일어나기 시작했습니다. 반대로 군주의 권력을 더욱 강화해야 독립을 유지할 수 있다고 주장하는 이들도 있었지요. 독립을 유지하기 위해 고종이 선택한 방법은 과연 무엇이었을까요?

49 을사조약과 경술국치
빼앗긴 국권

질문 한국은 어떠한 과정 속에서 국권을 빼앗기게 되었을까?

키워드 #러일전쟁 #통감부 #외교권박탈 #을사5적

1904년 일본은 대한제국을 두고 러시아와 전쟁을 벌였습니다. 하지만 일본은 이 전쟁이 대한제국을 보호하기 위한 전쟁이라고 주장하면서 여러 조약을 강요하였습니다. 국제법상으로 성립될 수 없는 조약들이 강제로 체결되면서 대한제국의 권리는 점차 사라져갔습니다. 결국 1910년 대한제국은 일본의 식민지가 되고 맙니다. 일본은 왜 전쟁이 아니라 '조약'이라는 방법으로 대한제국을 식민지로 만들었으며, 그 '조약'의 내용은 무엇이었을까요?

* 고문: 자문에 응하여 의견을 제시하고 조언을 하는 직책. 또는 그런 직책에 있는 사람.

50 의병운동과 애국계몽운동
나라를 지키기 위한 다양한 노력

질문 독립을 지키기 위해 사람들은 어떻게 노력했을까?

키워드 #항일의병 #신민회 #국채보상운동 #보안회

1900년대에 들어서면서 조선을 침략하려는 일본의 의도가 더욱 분명해졌습니다. 여기에 맞서 정부와 정치인들도 나라의 독립을 지키기 위해 노력했고 일반 민중과 지식인들도 각자의 위치에서 나름의 방법으로 노력을 게을리하지 않았습니다. 이런 분들의 헌신과 희생이 있었기에 일제 강점기 때에도 독립에 대한 희망을 놓지 않고 결국 나라를 되찾을 수 있었겠지요. 이들이 나라의 독립을 위해 택한 방법은 무엇이었을까요? 그리고 이들이 지키고자 했던 나라의 독립은 어떤 의미였을까요?

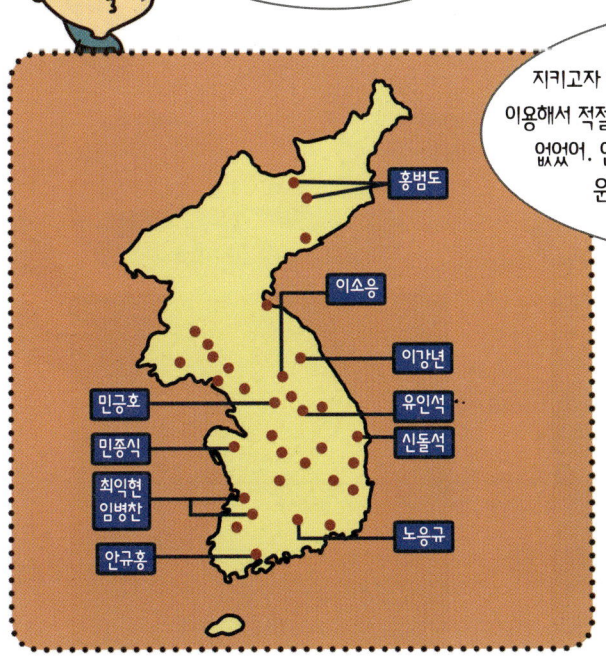

찾아보기

'찾아보기'에 궁금한 내용이 없으면 차례에서 찾아보세요.

ㄱ

- 간석기 · 20, 23
- 강화도 · · · · · · · · · · · · · · · · · 107, 109, 186~187, 191
- 개항 · 186~187, 189
- 개화 정책 · 190, 191
- 개화파 · 190, 191
- 경복궁 재건 · 184
- 골품제 · 55, 74~77
- 공신 · 141
- 광개토대왕 · 47, 54
- 광무개혁 · 212~213
- 광해군 · 152~155
- 국채보상운동 · 221
- 급진개화파 · 195~197
- 김옥균 · 195
- 김홍집 · 195, 203

ㄴ

- 난전 · 164
- 농사직설 · 130

ㄷ

- 단발령 · 204~205
- 대조영 · 66
- 대한국국제 · 211
- 독립문 · 208
- 독립신문 · 206~208
- 동인 · 146~147
- 동학 · 199
- 뗀석기 · 16, 19

ㄹ

- 러일전쟁 · 213~214

ㅁ

- 만민공동회 · 206, 208
- 모내기법 · 160~162
- 묘청 · 98~101

ㅂ

- 박제가 · 170
- 박지원 · 170~171
- 법흥왕 · 54
- 벽란도 · 93
- 별기군 · 191~192

ㅅ

- 사화 · 142~143
- 삼전도 · 152, 154
- 삼정의 문란 · 174
- 상평통보 · 165
- 서얼 · 135
- 서원철폐 · 184
- 서인 · 146~147
- 서재필 · 207
- 성종 · 82, 84
- 수공업 · 164~165
- 숙종 · 158
- 시무28조 · 82~83
- 시전 · 164
- 신민회 · 220
- 신진사대부 · 114~115, 124, 126
- 실사구시 · 169

ㅇ

- 아관파천 · 205
- 영조 · 156, 158~159

우정국 · 194, 196
운요호사건 · 187
위화도 회군 · 116~117
유학 · 124~127
을미사변 · 205
을사5적 · 216
음서 · 81, 96
의병 · · · · · · · · · · · · · 148~150, 201, 206, 218~219
이순신 · 148~150
이자겸 · 96~97, 103
인조 · 152, 154~155

ㅈ
장수왕 · 47
장시 · 164~165
장영실 · 130
정약용 · 168~169, 171
정조 · 156, 158~159
제물포조약 · 193
중립외교 · 152~153, 155
진흥왕 · 54

ㅊ
척화비 · 182~183
청일전쟁 · 201
치외법권 · 187

ㅌ
통리기무아문 · 191
통상수교거부정책 · 186

ㅎ
해안측량권 · 188
호족 · 74, 76, 78~80

혼천의 · 170
후금(청) · 152~155

숫자
4군6진 · 131

이미지 출처

* flickr, pixabay 등 사진 자료 아카이브로 구입한 자료에는 업로더 ID를 병기했습니다.
** wikipedia 공용 자료의 경우 사진 자료의 출처가 명확하게 기재된 항목은 괄호 또는 각주로 추가했습니다.

- Alamy : 고대 그리스 올림픽(29쪽, The History Collection), 의원내각제(180쪽, World History Archive)
- Dreamstime : 미국 독립운동(180쪽, Ra3rn)
- Flickr : 여성의 날(13쪽, LSE Library), 청동기(27쪽, Gary Todd), 고대 도시(27쪽, Herbert Frank), 중국 룽먼 석불(42쪽, Kevin Poh), 한국 석가탑(42쪽), 인도 산치대탑(42쪽, Kandukuru Nagarjun), 일본 호류지 목탑(42쪽, amanderson2), 팔만대장경(42쪽, Joone Hur), 월정교(62쪽, bryansjs), 광장(91쪽, Citizen59), 타지마할(122쪽, Ninara), 진시황릉(210쪽, UbelT)
- The Metropolitan Museum of Art : 토테미즘-곰(34쪽)
- PhotoAC : 일본 우스키 석굴(seama)
- Pixabay : 파르테논 신전(29쪽, nonbrinonko), 영국 내셔널갤러리(29쪽, khjgd2), 토테미즘-호랑이(34쪽, Yodaa), 석굴암(42, 43, 62쪽, 1279942), 불국사(43, 62쪽, April_Kim), 자금성(122쪽, DEZALB)
- Pxhere : 현대 국회(29쪽), 블루모스크(122쪽)
- Wikimedia 공공자료 : 동굴벽화(18쪽), 함무라비 법전(26쪽), 아부 신전(26쪽), 고대 문자(27쪽), 현대 올림픽(29쪽), 고대 로마 원로원(29쪽), 중국 대안탑(42쪽), 관촉사 은진미륵(43쪽), 금동연가7년명여래입상(43쪽), 만주 장군총(49쪽), 석촌동 고분(49쪽), 백제 금동대향로(51쪽), 안압지(62쪽), 에밀레종(62쪽), 칭기즈칸(107쪽), 혼일강리역대국지도[1](137쪽), 압구정도[2](141쪽), 상평통보(165쪽), 프랑스 민주주의[3](180쪽), 경인선(181쪽), 제중원(181쪽), 박규수(188쪽), 문위우표(194쪽), 김홍집(195, 203쪽), 김옥균(195쪽), 군국기무처(203쪽), 독립협회(209쪽), 광무호[4](212쪽), 지계(213쪽), 이토 히로부미[5](216쪽), 이완용 · 이지용 · 이근택 · 권중현[6](216쪽), 박제순[7](216쪽)
- Wikiwand : 도다이지(50쪽), 익산 미륵사지 석탑(51쪽)
- 국립중앙박물관 : 금제 허리띠 고리 · 청동박산향로 · 오수전(38쪽), 인도 간다라 불상(42쪽), 독립문과 영은문(208쪽)
- 국사편찬위원회 : 발해 온돌(51쪽)
- 기타 언론 매체 : 농부(23쪽, infourok.ru), 죽간논어(38쪽, 서울신문), 아키히토(51쪽, KBS), 월성(62쪽, 서울뉴스통신), 최익현(188쪽, 경기일보)
- 한국저작권위원회 : 무령왕릉(51쪽)
- 한국문화정보원 : 살수대첩 · 안시성 전투(57쪽)
- 한국학중앙연구원 : 부조예군 도장(38쪽), 발해 무덤 벽화(66쪽)

---

1) Dschingis Khan und seine Erben(exhibition catalogue), München 2005, p. 336/7
2) 이정근, 《신들의 정원 조선왕릉》 (책으로보는세상, 2010) pp.82
3) Bibliothéque nationale de France
4) 인천개항박물관
5) Japanese book Rekidai Shusho tou Shashin 歷代首相等写真
6) 《조선귀족열전朝鮮貴族列傳》
7) 労働経済社「映像が語る日韓併合史」